대화의 힘

창작마을

대화의 힘

대화의 달인이 되게 해주는 동화

초판 제1쇄 인쇄일 2013년 3월 22일
제2쇄 인쇄일 2014년 2월 17일

지은이 | 김영만
발행인 | 김대현
일러스트 | 김성한
편집디자인 | 송지은
표지디자인 | 이영지

발행처 | 창작마을
주소 | 서울시 서초구 서초동 1330-18 현대기림빌딩 508
전화 | 02-521-5956
인터넷홈페이지 | www.villageofartists.com
창작마을쇼핑몰 | www.cjmeshop.com

ISBN | 978-89-86591-27-9-03810

Heart to Heart - 가슴에서 가슴으로 전하는 책

책 한 권을 사시면 다른 한 권은 소외계층 또는 소외지역으로 배포됩니다.
판매수익금 전부 사회적기업 목적에 사용됩니다.

대화의 힘

대화의 달인이 되게 해주는 동화

글 _ 김영만

차례

차례

입 하나
귀 둘인 이유는..

머리말

엄마, 제 말 좀 들어보세요!

우리가 아기였을 때에는 울음 하나면 다 해결됐지요? 배가 고파도, 기저귀가 축축해져도, 덥거나 추워도, 자고 싶어도 울기만 하면 엄마는 우리가 원하는 걸 척척 알아서 해주셨지요.

말을 배운 뒤에는 어땠나요? 이번에는 "엄마!" 한마디면 그야말로 만사 오케이였지요.

그렇지만 학교에 다니면서부터는 사뭇 달라졌지요? 아무데서나 울음소리를 내거나 "엄마!"를 찾다가는 젖내 나는 어린애 취급당하기 딱 알맞지요. 자신의 문제는 자기 스스로 해결해야 할 때가 된 겁니다.

자신의 생각이나 느낌 따위를 상대한테 전달하는 소리가 '말'입니다. 친구와 다툰 뒤 화해할 때, 이성친구와의 아름다운 사귐을 원할 때, 부모님이나 선생님께 자신의 의견을 말씀드릴 때, 친구들 앞에서 발표를 할 때는 매끄럽고 세련된 말솜씨가 필요합니다.

또한 자기 의견이나 생각을 당당하고 자신 있게 주장하는 일은 바람직합니다. 그러나 자기주장을 끝까지 고집하면서 결코 양보하지 않는 일은 옳지 않습니다. 상대방의 의견에도 귀를 기울일 줄 알아야 한다는 말이지요.

이렇게 사람이 서로 말을 주고받는 것을 대화라고 합니다. 집에서는 가족과 대화를 하고, 학교나 학원에 가서는 선생님이나 친구들과 이야기를 나눕니다. 이웃사람이나 처음 만난 사람이나 잘 아는 사람과도 대화는 반드시 필요합니다.

말을 못하거나 듣지 못하는 장애인은 몸짓이나 손짓으로 표현하는 수화를 합니다. 다들 대화를 하면서 일상생활을 하지요.

그런데 대화가 서로 잘 통하지 않을 때가 있습니다. 친구끼리 말 때문에 오해가 생길 때는 참 속상하지요? 대화가 얼마나 중요한지 깨닫게 해줍니다.

그럼 어떻게 해야 말 잘하는 사람이 될까요? 바로 이 책 속에 그 비밀이 숨겨져 있답니다. 어렵지도 않아요. 이 책을 끝까지 읽고나면, 여러분 모두 뛰어난 말솜씨를 가진 대화의 달인이 될 거예요.

김영만 / 동화작가

시험점수와 칭찬

엄마, 나 100점 받았단 말예요!

학교에서 돌아오는 빛이는 콧노래가 절로 나옵니다. 발걸음도 어찌나 가벼운지 마치 하늘에 떠가는 구름 같았습니다.

"빛이야, 놀이터에서 조금만 놀다 가자!"

"미안해, 진아야. 얼른 집에 가서 엄마한테 보여줄 게 있거든?"

"아하, 시험지 말이구나? 넌 좋겠다."

빛이는 유난히 친구를 좋아했습니다. 그래서 좀체 친구들의 청을 거절하지 못했지만, 오늘은 마음이 조급합니다. 오늘 본 시험에서 모처럼 100점을 받았기 때문입니다. 5학년이 된 지 처음 일입니다.

"지난번 시험 때는 세 개나 틀렸다고 엄마한테 꾸중을 들었지 뭐야. 그땐 어찌나 속이 상하는지 눈물까지 찔끔 흘렸지만, 오늘은 엄마가 칭찬을 듬뿍 해주실 거야."

집에 도착한 빛이는 어느 때보다 힘차게 외쳤습니다.

"엄마, 학교에 다녀왔습니다!"

"어, 그래…."

평소 같았으면 얼른 씻고 옷 갈아입으라고 하셨을 엄마입니다. 간식도 만들어주시면서, 이것저것 학교에서 있었던 일을 물어보셨을 겁니다.

그런데 오늘은 대답도 건성으로 하셨고, 빛이와 제대로 눈도 마주치지 않으셨습니다. 뭔가 바쁜 일이 있으신 모양입니다.

"뭐하세요, 엄마?"

빛이는 부엌에서 바쁘게 움직이고 계시는 엄마 곁으로 갔습니다.

"외할머니 댁에 가져갈 음식을 만드는 중이야. 얼른 씻어라."

엄마는 여전히 빛이는 돌아보지도 않은 채 대답하셨습니다.

외할머니 댁은 같은 아파트 단지에 있습니다.

엄마는 아들이 없는 집안의 외동딸이었습니다. 그래서 엄마가 아빠와 결혼한 뒤로 외할머니와 외할아버지는 몹시 허전해하셨습니다. 나중에야 그 사실을 안 아빠가 두 분께 함께 살기를 청했지만, 외할아버지는 손사래를 치며 사양하셨습니다.

"시골에 사돈 내외분(빛이 할머니와 할아버지)께서 살아 계신데, 어찌 그럴 수 있겠나? 그 대신 우리가 자네가 사는 아파트 단지로 이사를 가겠네."

이렇게 해서 외할머니 집이 이웃 동으로 이사를 오게 된 것입니다. 빛이와 동생 철이는 외할머니 댁에 뻔질나게 드나들면서 두 분의 귀염을 독차지했습니다. 아빠는 가끔 들려서 불편한 일이 없는지 살피셨고, 엄마는 두 분이 드실 반찬이나 음식을 자주 만들어다 드립니다.

외할머니와 외할아버지는 더 이상 외로워하지 않으셨습니다.

엄마의 관심을 끄는 데 실패한 빛이는 책가방에서 시험지를 꺼냈습니다. 그리고 엄마 곁으로 살금살금 다가가 시험지를 불쑥 내밀었습니다.

"어머, 깜짝이야! 그게 뭐니?"

"오늘 본 시험지예요, 엄마."

"응, 알았어. 이따 볼 테니까, 식탁에 놔둬라."

엄마는 여전히 음식 만드는 데에 집중하면서 빛이를 돌아보지 않으셨습니다. 예상했던 칭찬을 받지 못한 빛이는 한숨을 내쉬었습니다. 그러나 그대로 물러설 빛이가 아니었습니다.

엄마는 음식 만드는 일이 끝나기가 무섭게 외할머니 댁으로 가실 것입니다. 그리고 시장에 다녀와서 저녁식사 준비를 하시느라 빛이 시험지를 살펴볼 짬이 나지 않을 것입니다.

빛이는 그때까지 기다릴 수가 없었습니다. 작전을 바꿔봤습니다.

"엄마, 있잖아요. 내 짝꿍 규성이는 글쎄, 네 개나 틀렸지 뭐예요? 그리고 나랑 유치원에 같이 다닌 진아 있잖아요? 걔는 두 개나 틀렸고, 또…."

빛이는 한손에 시험지를 들고 엄마 주변을 맴돌면서 수다를 늘어놓았습니다. 일부러 시험지를 흔들어 팔락팔락 소리도 냈습니다.

그런데도 엄마는 빛이의 말뜻을 몰라줍니다. 도대체 엄마는 빛이의 마음을 아는지 모르는지, 100점 받은 시험지는 관심도 없다는 듯이 퉁명스럽게 내뱉었습니다.

"빛이야, 얼른 씻고 들어가서 숙제나 하라니까!"

여기서 더 이상 엄마를 귀찮게 하면 꾸지람을 듣는다는 걸 잘 알았습니다. 그렇지만 빛이는 그동안 엄마의 칭찬에 목이 말랐습니다. 오랜만에 칭찬 들을만한 일을 했는데 뜻밖의 상황이 일어난 셈입니다.

"엄마, 외할머니 집에는 언제 가실 건데요?"

"지금 만드는 음식만 끝나면 갈 거야. 얼른 다녀와서 시장도 가야 되는데…. 아니, 얘! 오늘 숙제 없니?"

빛이와 엄마는 여전히 기찻길 같은 평행선을 달리고 있었습니다. 나란히 이어진 기찻길이 서로 만나지 않는 것처럼,

빛이와 엄마의 마음은 좀체 하나로 이어지지 않을 듯합니다.

빛이는 점점 초조해졌습니다.

"숙제는 이따 하면 돼요, 엄마. 근데 제가 뭐 도와드릴건 없어요?"

빛이는 일부러 시험지 든 손을 흔들며 물러서지 않았습니다. 바바로 그때 기다리고 기다리던 엄마의 눈길이 빛이를 돌아봤습니다. 하지만 그 눈빛을 본 빛이는 가슴이 뜨끔해졌습니다.

뒤이어 엄마의 짜증난 목소리가 빛이의 이마에 내리꽂혔습니다.

"엄마가 씻고 들어가서 숙제 하라고 했지? 근데 왜 바쁜 엄마를 방해하고 그러는 거야?"

빛이도 더 이상 참지 못하고 대들듯이 대답했습니다.

"오늘 시험에서 100점 받았단 말예요!"

엄마는 빛이가 들고 있던 시험지를 힐끔 돌아보더니 더욱 목소리를 높이셨습니다.

"아니, 얘가 엄마한테 대드네? 너 지난번에는 세 개나 틀렸잖아! 엄마가 듣기로는, 이번 시험문제가 쉬워서 100점 받은 애들이 많다던데, 뭘? 외할머니 댁에 손님들이 오신다고 해서 얼른 음식을 만들어 갖다드려야 하는데, 어쩌다 100점 받을 걸 가지고 뭘 잘했다고 자꾸 방해하고 그래?"

순간 빛이의 커다란 눈에 눈물이 가득 고였습니다.

어찌나 섭섭한지 절로 울음이 터졌습니다.

"엄만 너무해! 아무것도 모르면서… 으앙!"

빛이는 시험지를 내동댕이치고는 방문 소리 요란하게 자기 방으로 들어가 엉엉 울기 시작했습니다. 눈물이 걷잡을 수 없이 흘러내렸습니다.

하필이면 이때 외할머니 집에 손님이 오시는지 모른다 했습니다. 엄마가 외할머니 댁에 갈 일만 아니었으면 칭찬을 듬뿍 받았을 겁니다. 어쩌면 머리를 쓰다듬어주시면서 특별 용돈도 주셨을지 모릅니다. 생각이 여기까지 미치자 괜히 외할머니까지 섭섭해지는 것이었습니다.

잠시 후, 방문 열리는 소리가 들렸습니다. 빛이는 어깨를 들먹이면서 계속 흐느꼈습니다. 바로 그 어깨 위에 물기 가시지 않은 엄마의 손이 얹어졌습니다.

빛이는 책상에 엎드린 채 고개를 들지 않았습니다.

"빛이야…."

어느새 차분해진 엄마 목소리에 빛이는 울음을 그쳤습니다.

"우리 빛이가 많이 섭섭했나 보구나?"

빛이는 대답도 나오지 않았고, 엄마를 돌아볼 수도 없었습니다.

"빛이야, 엄마가 사과할게. 노인대학에 가셨던 외할아버지께서 갑자기 손님들과 들어오신다고 했다면서, 외할머니가 엄마한테 도움을 요청했지 뭐니? 아빠도 종종 그래서 엄마를 당황시키시잖니? 외할머니 댁에 곧 들이닥칠 손님들을 생각하니 어찌나 마음이 조급하던지, 그만 우리 빛이한테 칭찬해주는 것을 잊었구나."

빛이는 말없이 일어나 엄마 품에 안겼습니다. 엄마의 따뜻한 말을 들으니, 그동안 목말랐던 칭찬을 한꺼번에 듣는 것보다 더 큰 엄마의 사랑을 느낄 수 있었습니다.

"죄송해요, 엄마. 엄마가 바쁘신 걸 뻔히 보면서도 칭찬 들을 욕심만 냈어요. 저도 사과드릴게요, 엄마…."

"그래, 고맙다! 한발 늦었지만 100점 받은 것 축하한다. 아주 잘했어요, 우리 착하고 예쁜 딸…."

뒤늦었지만 엄마의 칭찬에 빛이 얼굴이 금방 밝아졌습니다.

"엄마, 제가 외할머니 댁에 음식 가져가는 일 도와드릴까요?"

"그래주겠니? 엄마야 그러면 고맙지!"

엄마는 빛이의 이마에 뽀뽀를 하면서 등을 토닥여 주셨습니다.

잠시 후, 빛이는 엄마랑 외할머니 댁으로 향했습니다.

빛이의 발걸음이 학교에서 돌아올 때처럼 다시 가벼워졌습니다.

◐ 대화 속에 숨은 비밀 1%

대화를 할 때 상대편의 처지를 생각해보는 일은 참 중요합니다.

빛이와 엄마를 예로 들어볼까요? 엄마는 외할머니 댁에 가져갈 음식을 준비하느라 마음이 조급해서, 미처 빛이의 마음을 읽지 못했습니다. 또 빛이도 100점 받은 것을 자랑하고 싶은 마음 때문에, 엄마의 바쁜 처지를 생각하지 못했지요. 그러다보니 매끄러운 대화가 이뤄지지 않은 겁니다.

빛이와 엄마처럼, 따지고 보면 별것 아닌 일로 친구에게 상처 주는 말을 한 적은 없었나요? 다시 그런 일이 생긴다면 잘잘못을 따지지 말고 먼저 사과하는 용기를 내보세요. 진정한 우정은 그렇게 다져지는 거랍니다. 우정이 깊어지면 대화도 물 흐르듯이 부드러워지겠지요?

따돌림과 상처

우리는 오롱이조롱이 친구들

빛이 동생 철이네 반에 그 아이가 전학을 온 것은 3학년이 시작되던 3월 초였습니다. 그 날, 그 아이는 선생님이 학생들에게 소개를 하셨지만 우물쭈물하느라 인사도 제대로 못했습니다.

"우리 친구가 낯설어서 인사말이 잘 안 나오나 봐요. 앞으로 서로 돕고 친하게 지냈으면 좋겠어요."

멀뚱멀뚱 교실 천장만 바라보던 그 아이는 선생님이 정해주는 자리로 들어가 앉았습니다. 여기저기서 키득거리는 소리는 한동안 이어졌습니다.

"되게 촌스럽다, 그치?"

"킥킥, 시골에서 전학왔나봐."

지방 학교에서 전학을 온 그 아이는 촌스러운 구석이 많았습니다. 별로 수줍어하는 것 같지도 않은데, 친구들한테 적극적으로 다가가려고도 하지 않았고, 말수도 무척 적은 아이였습니다.

수업 시간에는 뭘 생각하는지 공부에 집중하지 못했습니다. 그러니 성적도 별로 좋지 않았습니다.

결국 그 아이는 친구들의 관심을 거의 받지 못했습니다. 관심을 받기는커녕 그 아이가 다가오면 슬슬 피하기까지 했습니다. 어떤 여자아이는 비명을 지르면서 달아나기도 했습니다.

그 아이는 머리를 며칠 만에 한 번씩 감는지 까치집을 짓기 일쑤였고, 도대체 세수를 하는지 마는지 목에는 때가 보이기도 했습니다. 그래서 그런지 얼굴이 좀 이상하게 생기고 지저분해 보였습니다.

"재는 가까이 오면 이상한 냄새가 나더라?"

"혹시 뭔가 좀 모자란 애 아닐까?"

"어쨌거나 난 재가 너무 더러워서 싫어."

심지어 그 아이는 걸핏하면 손가락으로 콧구멍을 후비는 버릇이 있었습니다. 친구들이 기겁을 하면서 더럽다고 말리면 그때뿐이었습니다.

그러다보니 그 아이는 곧 외톨이가 되고 말았습니다. 하지만 그 아이는 그러거나 말거나 별로 신경을 쓰지 않는 것 같았습니다.

누가 그 아이의 반응을 살피려고 일부러 슬쩍 건드려 봐도 히죽 웃고 말았습니다. 선생님이나 아이들이 뭘 물어보면 대답만 할 뿐, 자기가 먼저 말을 거는 일도 거의 없었습니다. 아이들과 다투는 일도 없었고, 그냥 있는지 없는지 모를 정도의 존재가 되어갔습니다.

철이네 반 아이들은 한 달에 한 번씩 짝꿍을 바꿉니다.

짝꿍을 바꿀 때면 선생님은 늘 협동과 화목을 강조하십니다.

"세계적인 선수들로 구성된 축구팀이라 할지라도, 11명의 선수들이 서로 협동하지 못하면 결코 좋은 성적을 낼 수 없을 거예요. 반대로 이름 없는 선수들로 구성된 축구팀일지라도 협동이 잘된다면 어떤 강팀과 만나도 결코 뒤지지 않겠지요? 마찬가지로 학교에서도 좋아하는 사람끼리만 친하게 지내면 화목한 학급이 되지 못할 거예요. 개성이 서로 다른 친구들과도 서로 속마음을 터놓고 지내도록 노력해 보세요."

짝꿍과 자리를 바꾸고 보니 그 아이가 철이의 바로 앞자리로 옮겨왔습니다. 가까이서 지켜보니 그 아이는 몹시 산만하기까지 했습니다.

수업 시간에도 자꾸만 뒤돌아보면서 장난을 쳤습니다. 괜히 히죽거리며 웃는가하면, 철이의 교과서나 공책을 툭툭 건드리기도 했습니다.

"할 얘기 있으면 이따 쉬는 시간에 해."

철이는 선생님이 보실까봐 귓속말로 속닥거렸습니다. 그러나 그 아이는 선생님께 야단맞을까봐 걱정하는 철이의 심정을 아는지 모르는지, 나중에는 철이 공책에 낙서까지 하면서 장난을 걸었습니다.

"그러지 마. 너 때문에 수업에 집중이 안 된단 말이야."

철이는 단호하게 경고를 했지만 소용없었습니다. 그 아이는 손가락으로 코딱지를 파면서 잠시 공부하는 척하더니, 갑자기 그 손으로 필기하는 철이의 공책을 빼앗으려고 했습니다.

순간 철이는 화를 참지 못하고 그 아이를 노려보며 소리쳤습니다.

"코딱지나 파는 바보야, 이러지 말라니까! 너 좀 모자라는 애 아냐?"

선생님과 친구들이 깜짝 놀라서 철이를 돌아봤습니다. 그 아이는 얼른 돌아앉아 공부하는 척 시치미를 뗐습니다.

철이는 그러는 그 아이가 어찌나 얄미운지 뒤통수를 노려보며 식식거렸습니다.

다른 아이들은 철이의 속내를 이해할 수 있었습니다. 그러나 선생님은 그런 사정을 모르는 터라, 그냥 철이가 그 아이를 바보에 모자라는 애라고 한 것만 나무라셨습니다.

"친구한테 그렇게 말하는 것은 옳지 않아요."

"그게 아니에요, 선생님. 얘가 자꾸 뒤돌아보며 장난을 걸었어요. 너희들도 얘가 나한테 어떻게 했는지 봤잖아? 선생님께 설명 좀 해달란 말이야."

철이는 화가 나고 억울해서 주변 친구들을 돌아보며 목소리를 높였습니다. 그러나 친구들은 선생님 눈치만 살필 뿐 아무 말도 하지 않았습니다.

"잘못을 변명하면서 남의 탓으로 돌리는 것도 옳지 않아요. 철이는 내일까지 반성문을 써 오고, 이번 주 안으로 어머니를 모셔 오도록 하세요."

"어휴, 미치겠네."

철이는 억울한 마음에 좀체 화가 가라앉지 않았습니다.

그날 수업이 어떻게 끝났는지 모를 지경이었습니다.

집에 돌아와 엄마한테 그 말씀을 드릴 때는 눈물까지 흘렸습니다.

엄마는 차분하게 철이의 말을 끝까지 들어주셨습니다.

이윽고 철이의 말이 끝나자 엄마가 물었습니다.

"만약에 엄마가 너보다 누나가 착하다면서, 누나만 예뻐하면 어떻겠니?"

"그야… 엄마랑 누나한테 무시당하는 기분이 들겠죠."

"만약에 너보다 공부를 잘하는 친구가 너를 얕보면서 바보라고 하면?"

"그 친구랑 당장 절교하고 미워할 거예요."

"그럼, 시골에서 전학 온 그 아이가 너를 미워해도 상관없겠니?"

"우와, 엄마까지 왜 이러세요?"

철이는 엄마의 말을 듣자 다시 화가 치솟았습니다.

"우리 반 아이들 모두 그 아이를 공부도 못하고 지저분하고 이상하게 생겼다고 놀렸다고요. 하지만 전 그 애를 놀린 게 아니라, 수업 시간에 저를 방해하니까 화가 나서 그랬다니까요. 그런데 왜 선생님이나 엄마는 그 애는 나무라지 않고 저만 꾸짖으시는 거예요?"

철이는 끝내 눈물을 흘리고 말았습니다. 억울하고 화가 나는 데다, 선생님이나 엄마와 말이 통하지 않는 것 같아 속이 꽉 막히는 듯이 답답했습니다.

엄마는 철이의 눈물을 닦아주면서 조용히 말씀하셨습니다.

"아마 그 아이는 너희들과 친하게 지내고 싶었을 거야. 너한테 그런 장난을 건 것을 보면, 어쩌면 그 아이는 특히 우리 철이와 친하게 지내고 싶었는지도 모르지. 그렇지만 그 아이는 어떻게 해야 너희들과 가까워지고 친하게 지낼 수 있는지, 그 방법을 몰라서 그런 건 아닐까?"

"그래서 제가 할 말 있으면 쉬는 시간에 하라고 했단 말이에요."

“그래, 그건 우리 철이가 아주 잘했다. 그런데 그 아이는 네 말뜻을 이해하지 못한 듯하구나.”

“그런데도 선생님은 반성문을 쓰고 엄마까지 모셔오라고 하셨어요. 그 아이한테는 꾸중도 한마디 하지 않으셨다고요.”

엄마는 한결 누그러진 철이를 가슴에 안아주셨습니다. 엄마 품에 안겨 엄마 냄새를 맡으니 오후 내내 들끓던 가슴이 조금 차분해지는 듯했습니다.

“철이야, 그 아이가 수업 시간에 너한테 장난을 건 것은 잘못이야. 그렇지만 그렇다고 해서 네가 그 아이를 바보나 모자라는 애라고 한 것은 옳지 않아. 왜냐하면, 그런 말은 상대한테 큰 상처가 될 수 있거든. 아마 선생님도 그것 때문에 너를 꾸중하셨을 거야.”

철이는 잠시 엄마 말씀을 생각 해보았습니다.

문득 그 아이한테 미안한 마음이 들었습니다.

엄마가 그러는 철이의 머리를 쓰다듬으면서 말씀하셨습니다.

“세상 사람은 저마다 다르단다. 친구들을 한번 생각해보렴. 겉모습이나 성격이나 똑같은 사람은 하나도 없지 않니? 예쁜 사람, 못 생긴 사람, 실력이 뛰어난 사람, 어딘가 좀 부족한 사람…. 그렇지만 철이가 우리 가족한테 더없이 소중하듯이, 그 한 사람 한 사람도 모두 소중하다는 사실을 알아야 해. 그렇기 때문에 사람은 서로 존중하면서 살아야 하는 거야.”

“알았어요, 엄마. 이제 왜 반성문을 써야하는지 깨달았어요. 내일 학교에 가면 그 아이한테 사과하고, 앞으로는 친하게 지내도록 애써 볼게요."

"어머나, 우리 철이가 벌써 철들었네?"

엄마는 다시 한 번 철이를 힘주어 껴안으셨습니다.

철이는 문득 선생님이 한 달에 한 번씩 짝꿍을 바꿔주면서 하시던 말씀을 떠올렸습니다. 모든 친구들과 격의 없이 지내야 한다는 그 말씀이 엄마의 말씀과 크게 다르지 않다는 것도 깨달았습니다.

◐ 대화 속에 숨은 비밀 1%

시골에서 전학 온 아이는 단정하고 깨끗하지 못한 용모에, 친구들과 사귈 줄도 모르고 촌스러웠습니다. 다들 그 아이를 외면하고 친하게 지내려고 하지 않았습니다.

철이와 친하게 지내고 싶었던 그 아이는 수업 시간에 장난을 걸지만, 그것은 철이가 싫어하는 방법이었습니다. 자신의 마음을 대화로 표현하는 데에 서툴렀던 것이지요. 결국 그 아이는 가슴에 큰 상처를 입게 됩니다. 본의 아니게 그 아이에게 상처를 준 철이도 대화 소통에 서툴렀던 것입니다.

세상에는 생김새가 이상한 사람, 차림새가 지저분한 사람, 다리가 불편한 사람, 팔이 불편한 사람… 등등 모습도 다르고 개성도 다른 사람들이 서로 어울려 살아갑니다. 그렇게 서로 다른 점을 인정하면서, 더불어 살아가는 세상이야 말로 우리가 만들어 가야 할 아름다운 세상입니다.

소문의 특징

착한 아이를 나쁜 아이로 만드는 말

철이가 써온 반성문을 보신 선생님은 흡족해하셨습니다.

"반성문을 보니 엄마를 모셔오지 않아도 되겠구나."

"그게 정말이세요, 선생님?"

"그래, 선생님이 반성했으면 좋겠다고 바라던 점을 정확하게 파악했기 때문이야. 어제는 철이가 선생님의 꾸중을 선뜻 받아들이지 못하고 몹시 화가 난 모습이었는데, 어떻게 생각을 바꾸게 되었지?"

"어제 집에 돌아가서 엄마랑 이야기를 많이 했어요."

철이는 어제 엄마랑 나눴던 이야기를 선생님께 들려드렸습니다.

"선생님 생각도 어머니 말씀과 똑같지만, 선생님은 아마 철이 어머니처럼 그렇게 알아듣기 쉽게 설명해주지 못했을 거야. 철이는 훌륭한 어머니를 두어서 참 좋겠다."

"고맙습니다, 선생님."

"근데 철아, 친구들은 팔복이(전학 온 아이)를 어떻게 생각하니?"

"다들 촌스럽고 더럽고, 어딘가 모자라는 바보나 장애자일

거라고….”

“넌 어떻게 생각하니?”

“잘… 모르겠어요. 걔가 정말 그런지 안 그런지는 모르지만… 친구들이 그렇게 말하니까, 저만 선뜻 친하게 지내기가 어려워요.”

“그렇겠구나.”

그날 오후, 선생님은 수업 시간에 우화 하나를 들려주셨습니다.

‘걱정도 팔자’ 라는 별명을 가진 토끼 이야기입니다.

앉으나 서나 걱정하는 일로 하루를 보내는 토끼가 있었습니다.

“잠자는 사이에 땅이 꺼져버리진 않을까? 바람이 세게 불면 길쭉한 내 귀가 볼썽사납게 꺾어져버리진 않을까? 사냥개를 앞세운 사냥꾼이 소리도 없이 들이닥치면 어쩌지? 비가 많이 내려서 강물이 숲을 삼켜버리진 않을까? 눈이 많이 내려서 하얀 세상이 되면 무얼 먹고 살까….”

그래서 숲속 동물들은 그 토끼를 ‘걱정도 팔자’ 라고 불렀습니다.

어느 날, ‘걱정도 팔자’ 는 토끼풀을 뜯어가지고 도토리나무 아래에서 맛나게 먹고 있었습니다. 기다란 귀를 쫑긋쫑긋, 귀여운 코를 실룩실룩, 토끼풀을 맛나게 먹던 토끼는 문득 하늘을 쳐다보았습니다.

“푸른 하늘이 무너지면 어떡하지?”

또다시 쓸데없는 걱정을 하기 시작했습니다.

"하늘과 세상이 무너지면 어디 가서 살지?"

그때 도토리나무에서 도토리 한 알이 바로 옆에 떨어졌습니다.

툭!

"으악, 세상이 무너지는 소리다!"

토끼풀을 내던진 토끼는 벌떡 일어나 바람처럼 달아나기 시작했습니다. 도토리나무 숲에서 놀던 토끼들이 깜짝 놀라서 물었습니다.

"야, 걱정도 팔자! 왜 그렇게 잔뜩 겁먹은 얼굴로 냅다 달아나니?"

"묻지 말아줘! 나 지금 몹시 바쁘니까, 제발 묻지 마!"

하지만 궁금한 토끼들은 깡충깡충 따라오면서 물었습니다.

"도대체 무슨 일인데 그러느냔 말이야!"

"조금 아까부터 세상이 무너지는 중이야!"

"뭐라고? 세상이 무너져? 아이고, 걸음아 날 살려라!"

토끼들은 '걱정도 팔자' 의 뒤를 따라 죽을힘을 다해 달아났습니다. 기다랗게 한 줄로 늘어서서 달아나는 토끼들 때문에 숲속이 소란해졌습니다.

눈이 동그래진 사슴 한 마리가 모가지를 쑥 빼고 물었습니다.

"토끼들아, 저승사자라도 만났니? 왜 그렇게 겁먹고 달아나는 거야?"

"저승사자보다 더 무서운 거니까 말 시키지 마."

"저승사자보다 더 무서운 게 뭔데?"

"지금 세상이 무너지고 있대!"

화들짝 놀란 사슴들도 토끼들의 뒤를 따라 달아나기 시작했습니다. '걱정도 팔자' 는 숲을 빠져나와 들을 가로질러 달려갔고, 그 뒤를 토끼와 사슴 무리가 긴 띠를 이루며 따라갔습니다.

칡뿌리를 파먹던 멧돼지들도 뒤를 따랐고, 물소와 들소와 코뿔소와 호랑이와 코끼리… 등등 숲속의 동물들이 계속해서 뒤를 이었습니다. 이제 까마득하게 앞서가는 '걱정도 팔자' 는 보이지도 않았습니다.

뒤늦게야 숲속의 왕 사자가 동물들의 소란을 알게 되었습니다.

"어흥! 도대체 무슨 일인데 그렇게들 허둥대느냐?"

"대왕님, 어서 달아나십시오! 세상이 무너지는 중이랍니다."

"무슨 뚱딴지같은 소리냐? 세상은 절대로 무너지지 않는다."

"그럼 대왕님은 알아서 하세요. 우린 달아날 테니까요."

"이거 큰일 났네? 재들이 정신없이 달려가는 쪽은 바닷가의 까마득한 벼랑인데…. 저대로 놔뒀다가는 모조리 바다에 빠져 죽고 말겠다."

사자는 바람처럼 달려 산꼭대기로 올라갔습니다.

어흥! 어흥! 어흥!

사자의 울부짖음이 산과 들을 뒤흔들었습니다. 방향도 모르고 달아나기에 바쁘던 동물들이 얼핏 정신을 차렸습니다. 사자가 큰 소리로 물었습니다.

"도대체 왜들 그렇게 겁을 먹고 달아나느냔 말이다?"

"지금 세상이 무너지고 있답니다, 대왕님!"

"누가 그러더냐?"

행렬의 맨 뒤를 따르던 코끼리들이 바로 앞의 호랑이들을 가리켰습니다.

"호랑이들이 그러던데요?"

사자가 호랑이들한테 물었습니다.

"호랑이들은 세상이 무너지는 것을 확인했느냐?"

"저희들은 모릅니다. 앞서가는 코뿔소들한테 들었어요."

"코뿔소들은 누구한테 들었느냐?"

"저희들은…."

코뿔소들은 들소들을 가리켰고, 들소들은 물소들을 가리켰습니다. 물소들은 앞서가던 멧돼지들한테 들었다고 했고, 멧돼지들은 사슴들한테 들었다고 했습니다.

이렇게 거슬러 올라간 끝에 토끼들한테까지 이르렀습니다. 그리고 맨 앞에서 바닷가 낭떠러지를 향해 내달리던 '걱정도 팔자' 한테까지 전해졌습니다.

사자는 '걱정도 팔자' 를 불러놓고 물었습니다.

"네가 세상이 무너지는 것을 직접 보았느냐?"

"예, 대왕님! 제가 그 소리를 들었습니다."

"자세히 설명해 보아라."

"제가 도토리나무 숲에서 토끼풀을 먹고 있는데 세상이 무너지는 소리가 들렸습니다. 대왕님, 이렇게 어물거리고 있을 시간이 없습니다. 어서 달아나야 됩니다."

사자는 잠시 생각을 한 끝에 동물들에게 소리쳤습니다.

"너희들은 내가 돌아올 때까지 이 자리에서 꼼짝 말고 기다려라. 바로 저 앞에는 성난 파도가 일렁이는 바닷가 낭떠러지가 기다리고 있다."

말을 마친 사자는 토끼를 등에 태우고 소리쳤습니다.

"토끼야, 세상이 무너지는 소리를 들었다는 곳으로 가자!"

"아이고, 안 됩니다! 그곳에 가면 우린 죽는다고요!"

"두려워하지 말고 나를 안내하라니까!"

사자는 벌벌 떨면서 싫다고 앙탈하는 토끼를 데리고 바람처럼 달렸습니다. 그리고 도토리나무 숲에 도착하여 토끼에게 물었습니다.

"자, 네가 처음 세상 무너지는 소리를 들었던 곳을 찾아봐라."

"바로 저깁니다, 대왕님. 저 커다란 도토리나무 아래에서 토끼 풀을 먹다가 그 무서운 소리를 들었습니다."

사자는 토끼가 가리키는 곳으로 가서 자세히 조사해봤습니다. 하지만 어디에도 세상이 무너진 흔적은 없었습니다. 땅이 갈라진 곳도, 굴러 떨어진 바위도 발견할 수 없었습니다.

툭! 툭! 툭….

사자는 문득 도토리나무에서 떨어지는 도토리를 발견했습니다. 주변을 살펴보니 굵은 도토리가 여러 개 떨어져 있었습니다.

사자는 도토리 한 알을 집어 들고는 허탈하게 말했습니다.

"아니, 이 녀석이 도토리 떨어지는 소리를 듣고 세상이 무너진다고 온 숲속을 발칵 뒤집어 놓았잖아?"

사자는 토끼를 다시 등에 태우고 서둘러서 동물들이 기다리는 곳으로 돌아갔습니다. 그리고는 도토리 한 알을 보여주면서 그동안의 사정을 자세히 말해주었습니다.

"작은 눈덩이를 뭉쳐 눈 위에 굴리면 커다란 눈사람을 만들 수 있을 만큼 커진다. 헛소문도 굴릴수록 커지는 눈덩이와 같다.

소문은 작은 말 한 마디에서 시작되지만, 근거도 없이 널리 퍼지면서 오늘처럼 엄청난 결과를 불러오는 것이다. 토끼는 앞으로 말을 좀 더 신중하게 하도록 하라!"

토끼는 어찌나 부끄럽던지 눈알이 빨개지면서 땅굴을 파고 숨어 버렸습니다. 그날 이후로 토끼는 땅굴에서 살게 되었고, 눈동자는 아직도 빨갛다고 합니다.

선생님의 이야기를 듣고 난 철이는 문득 팔복이가 떠올랐습니다. 어쩌면 철이네 반에서 떠도는 그 아이에 대한 좋지 않은 소문도 그렇게 시작됐는지 몰랐기 때문입니다.

철이는 그날부터 팔복이한테 접근하기 시작했습니다. 처음에는 당황하고 어색해하던 그 아이도 철이가 친절하게 다가가자 차츰 마음을 열었습니다. 게다가 먼저 사과까지 하는 것이었습니다.

"지난번에는 미안해. 나 때문에 선생님께 꾸중을 듣게 해서…."

"솔직히 말하면 그때는 몹시 화가 났어. 그렇지만 오히려 그 일 때문에 팔복이 너를 다시 보게 되었어. 우리 앞으로 친하게 지내자."

"고마워. 나도 그때 일로 코딱지 파는 버릇을 끊었어. 히히…."

"그거 잘됐다! 하하…."

철이는 그때 기발한 아이디어가 떠올랐습니다. 선생님께서 들려주신 우화의 내용을 거꾸로 이용하여 팔복이의 명예를 회복해 주자는 것이었습니다.

철이는 다음 날부터 팔복이 몰래 이런 말을 퍼뜨렸습니다.

"알고 보니까 팔복이가 세수도 며칠 만에 하고 지저분한 아이라는 소문은 사실이 아니던데?"

"얼굴과 손은 새카맣고 몸에서 냄새도 나고 그러는데?"

"걔가 새카만 건 원래 피부가 검은 데다, 학교 끝나고 부모님을 도와드리느라고 햇볕에 타서 그렇대."

"부모님이 뭘 하시는데?"

"시골에서 올라온 뒤로 시장에서 야채 장사를 하신대. 팔복이는 방과 후에 자전거로 야채 배달을 하면서 부모님을 돕고. 그러느라고 햇볕에 타고 좀 이상한 냄새까지 몸에 배는 거였어."

"…그래? 알고 보니 착한 애였구나?"

얼마 지나지 않아 팔복이에 대한 나쁜 소문은 사라졌습니다. 그 대신 팔복이는 시골아이라 순진하고 촌스러워서 그렇지, 부모님을 열심히 돕는 효자에 힘도 세다는 이야기가 퍼졌습니다.

철이는 제가 퍼뜨린 그 소문을 들으면 가슴이 뿌듯해졌습니다.

◐ 대화 속에 숨은 비밀 1%

여러분은 친구들과 주고받는 말을 항상 바르고 곱게 사용합니까? 혹시 함부로 남의 말을 하거나, 확인도 되지 않은 소문을 퍼뜨리진 않나요? 또 인터넷을 할 때 자신이 드러나지 않는다고 악성 댓글을 달진 않습니까?

사람의 됨됨이가 겉으로 가장 잘 드러나는 것이 '말' 입니다. 바르고 고운 말씨는 무엇과도 바꿀 수 없는 개인의 소중한 재산입니다. 말은 큰 힘을 들이지 않고 남에게 희망과 기쁨을 줄 수도 있기 때문입니다. 예를 들어 상대의 좋은 점이나 착하고 훌륭한 일을 높이 평가해주는 칭찬이 그렇고, 상대에게 용기나 의욕이 솟아나도록 북돋워주는 격려의 말이 그렇지요?

인기짱 대화의 비밀
이 말 세 마디면 인기를 독차지한다.

"미안해요."

자존심 상해서 먼저 못하겠다고요? 자신의 잘못을 솔직히 인정하지 못하는 비겁한 사람이 되어도요? 자신의 잘못으로 피해를 입은 상대가 상처를 받고 힘들어하는데, 자기 생각만 하는 이기적인 사람이 될 거예요?

그러지 말고 용기를 내서 정중하게 말해보세요. 미안하다고. 그 순간 굴레를 벗어버린 말처럼 후련해지면서, 서로 좋은 친구가 될 거예요.

모자람이나 흠이 전혀 없는 사람은 세상에 존재하지 않습니다. 사람은 누구나 실수를 할 수 있다는 말이지요. 그렇다고 모든 실수가 미안하다는 말로 용서되는 것은 아닙니다. 미안하다는 말을 하지 않도록 조심하되, 자신도 모르게 실수했을 때는 즉시 잘못을 인정하고 사과해야 한다는 뜻입니다. 결국 용기 있는 사람이 미안하다는 말도 잘합니다.

"고마워요."

뭐가 고맙냐고요? 가족을 돌보시는 아빠, 불편 없이 생활하게 해주시는 엄마, 올곧은 길로 이끌어주시는 선생님, 없으면 외로운 친구들, 위급하면 달려와 주시는 119 구급대원들과 경찰관들, 소식을 전해주시는 집배원들, 쓰레기를 치워주시는 환경미화원들, 버스와 택시와 전철을 운전하시는 분들…. 이루 헤아리기 어려울 만큼 많은 사람들의 수고를 생각해보세요. 고맙다는 말을 입에 달고 살아도 모자랄 정도지요.

이해심이 많은 사람은 고맙다는 말을 자주합니다. 작은 일에도 고마움

을 표시하는 사람은 주변의 사랑을 듬뿍 받게 됩니다. 아침에 일어나서 저녁 잠자리에 들 때까지, 모든 일에 감사하면서 고맙다는 표현을 아끼지 마세요.

"사랑해요."

'사랑'이 뭘까요? 부모님이 자식을, 선생님이 제자를, 윗사람이 아랫사람을 아끼고 소중히 여기는 마음도 사랑이지요. 이성 친구에게 끌려 열렬히 좋아하는 마음도 사랑이고, 불우한 사람이나 이웃을 배려(도와주거나 보살펴 주려고 마음을 씀)하는 마음도 사랑입니다. 자연을 보호하는 것처럼 어떤 사물이나 대상을 몹시 아끼고 귀중히 여기는 마음 또한 사랑입니다.

'사랑하는 사람은 미움이 없고, 미워하는 사람은 사랑이 없다.'는 속담도 있잖아요? 세상에서 미움까지 없애주는 좋은 말이 '사랑'이니, 사용하면 사용할수록 더욱 많은 사람들이 행복해질 겁니다.

사랑한다는 말을 하기가 쑥스럽다고요? 처음 한 번이 어렵지, 그 다음부터는 점점 더 쉬워집니다. 사랑한다는 말이 쉬워지면서 더욱 많이 할수록, 여러분의 가슴은 사랑으로 가득 찰 것입니다. 뿐만 아니라, 주변 사람의 사랑을 듬뿍 받는 아름다운 사람이 될 거예요.

어른 말 새겨듣기

엄마 말씀은 너무 어려워요!

시골에 사시는 할머니 할아버지께서 오시는 날입니다. 명절이나 여름휴가 철에는 엄마 아빠랑 시골에 가지만, 할머니 할아버지는 빛이와 철이 남매가 보고 싶다면서 보통 한두 달에 한 번씩은 올라오십니다.

"아이고, 우리 강아지 많이 컸네? 할머니가 사탕 줄까?"

할머니는 빛이를 보면 끌어안고 엉덩이를 토닥여 주십니다.

"아이 참, 할머니. 제가 왜 강아지예요?"

"하하, 빛이야. 어른들은 어린 자식이나 손자를 귀엽게 부를 때 강아지라고도 한단다. 지난 여름방학 때 시골에 왔을 때, 너도 누렁이가 낳은 강아지들을 보면서 귀엽고 예쁘다고 하지 않았니?"

할아버지는 듣기만 해도 포근해지는 너털웃음을 웃으시면서, 빛이가 궁금해 하는 것들을 자상하게 설명해주십니다. 또 할머니 할아버지가 계실 때에는 엄마 아빠도 빛이 남매를 함부로 나무라지 않으십니다. 그래서 빛이는 두 분이 올라오신다는 소리만 들어도 신이 납니다.

엄마가 시장에 갈 준비를 하면서 빛이를 불렀습니다.

"얼른 시장에 다녀올 테니까, 철이랑 놀고 있어라."

"철이는 놀이터에 갔는데, 저도 엄마 따라가면 안 돼요?"

빛이는 엄마랑 시장에 가는 것을 좋아했습니다. 이것저것 구경도 하고, 엄마가 반찬거리 사시는 걸 보는 재미도 있습니다. 게다가 엄마를 조르면 맛있는 떡볶이나 김밥도 사주십니다.

그런데 오늘은 엄마의 표정이 몹시 바빠 보였습니다.

"얘가? 지금 몇 신데 엄마를 따라간대?"

"지금요? 음… 4시 15분인데요?"

"으이그, 할 일 없느냐 말이야."

"할 일이요? 별로 없는데요?"

"숙제가 있는지 알림장을 봐라."

"잠깐만요. 얼른 보고 올게요."

"아이고, 저 형광등…."

엄마는 제 방으로 달려가는 빛이의 뒷모습을 바라보면서 한숨을 내쉬셨습니다. 그러더니 그냥 밖으로 나가려는데 빛이가 달려 나왔습니다.

"숙제 있어요, 엄마. 이젠 엄마 따라가도 돼요?"

"못 말려…. 너 5학년 맞니?"

"왜요, 엄마?"

도대체 지금 엄마와 빛이는 왜 계속 엇갈리는 걸까요?

엄마가 '지금 몇 신데 그래?' 하고 물은 것은 '지금 어떤 일을 해야 하는지 아느냐?' 는 뜻이었습니다. 그러니까 '벌써 4시가 넘었고, 5시 30분쯤이면 할머니 할아버지께서 도착하실 텐데, 집에서 철이랑 놀면서 숙제나 하지 시장에는 왜 따라온다고 하는 거니?' 라는 말씀이셨죠.

하지만 빛이는 고지식하게 엄마가 현재 시간을 묻는 줄 알았고, 시계를 보고 그대로 말씀드렸습니다. 엄마는 다시 '할 일이 없느냐?' 고 되물었고, 그래도 빛이가 이해하지 못하자 그제야 '알림장을 보아라.' 하셨습니다. 그런데도 빛이는 이번에도 엄마의 말씀 그대로 알림장만 확인하고 말았습니다.

엄마는 답답하다는 표정으로 목소리를 높이셨습니다.

"집에서 철이랑 놀면서 숙제를 해 놓으란 말이야. 말을 새겨들을 줄 알아야지…. 이따 할머니 할아버지 오시면 언제 숙제 하려고 그래?"

빛이는 이제야 가까스로 엄마의 말뜻을 알아차렸습니다.

"할머니는 제가 귀엽다는 말을 강아지라고 하시더니, 엄마는 숙제하라는 말을 엉뚱하게 시간 묻고 알림장 보라고 그러세요? 어른들은 왜 같은 말도 빙글빙글 돌려서 하시는 거예요?"

빛이의 퉁명스런 말에, 밖으로 나가려던 엄마가 흠칫 돌아 보셨습니다.

"어머나! 미안해서 어쩌니? 우리 빛이가 아직 엄마 말을 새겨들을 나이가 아니라는 사실을 깜박했지 뭐야…."

엄마는 깜짝 놀라면서 빛이 말끝에 이렇게 사과를 하셨습니다. 그리고는 쿡쿡 웃으면서 바삐 시장으로 달려가셨습니다.

그날 저녁은 모처럼 가족이 할머니 할아버지를 모시고 즐거운 식사를 했습니다. 빛이는 식사를 하면서도 어른들의 대화를 주의 깊게 들었습니다. 낮에 엄마의 말씀을 들으면서, 상대가 말하고자 하는 본뜻을 헤아려 듣는 것이 얼마나 어려운지 잘 알았기 때문입니다.

그런데 동생 철이는 할머니 할아버지가 오시면 개구쟁이로 돌변합니다. 할머니 할아버지를 굳게 믿고 엄마 아빠를 무서워하지 않는 것입니다.

"어머, 철아! 할아버지께서 수저를 드시기 전에 먹으면 어쩌니?"

"배고프단 말이야, 누나."

"그래도 어른보다 먼저 아랫사람이 먹으면 안 돼. 참, 너 손은 씻었니?"

"손? 아침에 세수했는데?"

"얘 좀 봐? 얼른 가서 손 씻고 와."

철이는 누나를 한번 흘겨보고는 부지런히 손을 씻고 왔습니다.

할머니 할아버지가 계셨지만 엄마 아빠께서 지켜보고 계셨기 때문입니다.

손을 씻고 온 철이는 어른들이 이미 식사를 시작하셨기 때문에 털썩 앉아서 쩝쩝거리며 먹었습니다. 빛이의 잔소리가 또 시작되었습니다.

"음식을 먹으면서 쩝쩝 소리를 내는 것은 예의에 어긋나는 행동이야."

철이는 그러거나 말거나 부지런히 밥을 먹고 수저를 내려놓았습니다.

"누나 잔소리 때문에 밥도 제대로 못 먹겠네."

"어머나, 얘 좀 봐? 어른이 수저를 내려놓기 전에 자리에서 일어서려고 하다니? 그건 어른을 공경하고 함께 식사하는 다른 사람을 배려하는 마음이 아니야. 알겠니?"

사실 아까부터 엄마 아빠는 터져 나오려는 웃음을 겨우 참는 중이었습니다. 빛이는 어려서 아빠한테 배운 것을 그대로 동생한테 가르치는 참이었습니다. 그걸 보는 엄마 아빠는 할머니 할아버지 앞이라 웃음을 꾹꾹 눌러 참고 있었습니다.

"호호호, 예쁘고 똑똑한 우리 강아지."

"하하하, 우리 빛이가 아주 의젓해졌구나!"

할머니 할아버지가 웃음을 터트린 뒤에야 엄마 아빠도 고개를 돌리고 웃었습니다. 빛이는 즐거워하는 어른들 모습에 어깨가

으쓱해졌습니다.

"근데요, 할아버지. 전 언제나 사람 말을 새겨듣게 될까요?"

"응? 그게 무슨 말이냐?"

순간 엄마가 당황스런 표정으로 할아버지 눈치를 살폈습니다.

"할머니께서 처음에 저더러 강아지라고 하셨을 때도 전 기분 나빴거든요? 제가 할머니 말씀을 새겨듣지 못했기 때문이잖아요?"

"그래서?"

"엄마랑 얘기 중에도 제가 엄마의 물음과는 전혀 상관없는 엉뚱한 대답을 할 때가 많거든요. 엄마가 그러시는데요, 그건 제가 엄마 말씀을 미처 새겨듣지 못해서 그렇대요."

결국 엄마는 아까 오후에 있었던 일을 털어놓으셨습니다.

할아버지는 다시 너털웃음을 터뜨리면서 말씀하셨습니다.

"빛이야, 사람 얼굴에 입은 하난데 귀는 왜 둘인 줄 아니?"

"선생님이 그러시는데요, 소리를 입체적으로 정확하게 듣기 위해서래요. 또 귀가 둘이기 때문에 소리가 나는 곳의 방향이나 거리를 제대로 알 수 있대요."

"그렇겠구나. 그건 과학적인 해석이고, 할아버지가 말하려는 뜻은 좀 다르단다. 사람의 얼굴에 입이 하나인 이유는 말을 항상 신중하게 가려서 하라는 뜻이란다. 그리고 귀가 둘인 이유는 상대방의 이야기는 말하는 것보다 두 배로 열심히 들으라는 뜻이야. 오늘 엄마한테 배웠듯이, 앞으로는 대화할 때 상대방의 말을 끝까지 주의 깊게 듣도록 노력해라. 그러면 엉뚱한 대답을 하는 일은 자연스럽게 사라질 거야. 알겠니?"

"네, 할아버지!"

"하하하!"

"호호호…."

◐ 대화 속에 숨은 비밀 1%

대화를 나눌 때 우리는 자신의 말은 열심히 합니다. 하지만 상대의 말을 주의 깊게 듣지 않거나, 상대의 말을 끝까지 듣지 않고 자신의 얘기를 꺼내는 경우가 있습니다. 그렇게 되면 상대의 말뜻을 제대로 파악하지 못할 뿐만 아니라, 상대의 기분을 상하게 하는 일이 생기기도 합니다.

대화를 할 때에는 상대가 무슨 의도로 말하는지를 잘 새겨들어야 합니다. 빛이처럼 상대의 말을 곧이곧대로 받아들이면 오해가 생기기 십상입니다. 또한 상대의 말을 주의 깊게 듣고 잘 새겨듣는 것 못지않게, 상대가 알아듣기 쉽게 말하는 것도 중요합니다. 식사할 때 지켜야 할 예절과 마찬가지로, 대화할 때에도 상대를 배려하는 마음이 필요하답니다.

꾀병의 속뜻

부모님은 필요한 건 다 사잖아요?

"우와, 게임기다! 엄마, 아빠가 게임기 사오셨어요!"

퇴근하시는 아빠는 서류가방만한 박스를 들고 계셨습니다. 철이는 한눈에 전자제품 포장박스라는 것을 알아봤습니다. 그래서 며칠 전부터 엄마한테 졸라대던 게임기를 사 오신 걸로 안 것입니다.

"게임기라고? 여보, 철이가 지금 무슨 얘길 하는 거요?"

아빠는 신발을 벗고 거실로 들어서면서 엄마를 쳐다보셨습니다. 그러자 엄마는 약간 당황한 표정으로 아빠를 쳐다보면서 눈을 끔적거리셨습니다.

"그거 게임기 아녜요, 아빠?"

철이는 순간 실망의 눈빛으로 아빠를 쳐다봤습니다.

"응? 으응… 물론 게임도 되지."

"게임도 돼요? 그럼… 그거 제 거예요?"

"아니야, 아빠랑 엄마가 필요해서 산 노트북이야."

"치, 난 또…."

철이는 금방 눈물이라도 떨어뜨릴 것처럼 어두운 얼굴로 돌아섰습니다. 그리고는 제방으로 들어가 책상 앞에 털썩 앉았습니다.

"나한테 필요한 건 이런저런 핑계만 대고 안 사주시더니, 엄마 아빠는 필요하면 무조건 다 사시잖아? 너무 불공평해…."

요즘 철이는 부쩍 학원에 가기 싫다는 투정을 자주 부렸습니다.

"엄마, 머리 아파요."

"갑자기 머리가 왜 아프니? 어디 보자…. 열은 없는데?"

엄마는 철이의 이마를 만져보시고는 고개를 갸웃했습니다.

"학교에서부터 조금씩 아팠어요."

"그래? 그럼 엄마랑 병원에 가자."

"주사 맞는 건 싫어요. 그냥 좀 쉬면 나을 것 같은데…."

"학원은 어쩌고?"

"오늘 하루만 쉬면 안 돼요?"

이쯤 되면 엄마는 철이가 꾀병을 부린다는 걸 눈치 채게 됩니다. 그런데도 철이는 일주일에 한두 번은 배탈이 났다, 피곤하고 열이 난다는 등 핑계를 대면서 학원을 빠지려고 했습니다. 하지만 엄마랑 승강이질을 하다 지각을 몇 번 했을 뿐, 한 번도 성공을 하지는 못했습니다.

철이가 꾀병을 부릴 때마다 달래기도 하고 등을 떠밀기도 하여 기어코 학원에 보내는 엄마였습니다. 그런 뒤에는 철이가 학원에서 돌아올 때까지 걱정이 되어 마음을 놓지 못하셨습니다.

"얘가 진짜 아픈데 내가 너무 모질게 보낸 것은 아닐까? 아니야, 아픈 표정은 아니었어. 근데 왜 갑자기 학원에 가기 싫어하는 걸까?"

철이가 말을 하지 않으니 알 수 없는 노릇이었습니다. 그래서 엄마는 걱정 끝에 철이 모르게 학원 선생님을 만나보셨습니다.

"철이가 요즘 들어 학원에 가기 싫다고 떼를 자주 쓰네요. 그 이유를 모르겠어서 왔어요. 혹시 선생님은 짚이는 데가 없으세요?"

"글쎄요? 학원에서 수업태도도 좋고,친구들과도 잘 어울리고, 별문제 없는데요? 성적도 꾸준히 오르고 있고요. 아프다고 한 적은 한 번도 없어요."

결국 엄마는 철이한테 직접 물어보는 수밖에 없었습니다.

"엄마는 네가 요즘 학원에 가기 싫어 꾀병 부린다는 거 다 아니까 사실대로 말해봐라. 우리 속담에 '말 안 하면 귀신도 모른다' 고 했다. 마음속으로만 애태울 것이 아니라 시원스럽게 말을 해야 한다는 뜻이야. 대체 왜 학원에 가기 싫어하는 거니?"

철이는 조심스런 눈빛으로 엄마를 쳐다봤습니다.

"사실대로 말하면 혼내려고 그러죠?"

"혼날 일이면 혼나야지. 그렇지만 솔직히 얘기하면 오늘은 혼내지 않는다고 약속하마."

철이는 잠시 머뭇거리다가 털어놓기 시작했습니다.

"사실은… 학원에 오는 친구들은 다 있는데 저만 없어요."

"공부에 필요한 건 엄마가 다 사주었는데, 뭐가 없다는 거야?"

"그게 아니라, 게임기요…."

"뭐, 게임기? 난 또 뭐라고. 에라, 이 싱거운 녀석아!"

엄마는 철이 이마에 아프지 않은 알밤을 먹이셨습니다.

"게임기 때문에 학원에 가지 않으려고 꾀병을 부린 거야? 사내대장부가 그렇게 거짓말을 하면서 잔머리를 굴리는 게 부끄럽지도 않니?"

"아이, 엄마. 저도 게임기가 갖고 싶단 말이에요. 쉬는 시간이면 다들 모여서 게임을 해요. 요즘에는 게임기 없으면 같이 놀지도 않아요. 괜히 저만 왕따 당하는 거 같아요."

엄마는 잠시 철이를 바라보시더니 다시 입을 열었습니다.

"우리 생각 좀 해보자. 안 그래도 컴퓨터 앞에 앉으면 게임이다 인터넷이다 일어설 줄 모르는 너잖아? 그러다가 숙제도 밤 늦게까지 하기 일쑤고. 엄마랑 약속한 컴퓨터 쓰는 시간도 지키지 못하면서, 게임기까지 사달라고? 컴퓨터에 게임기까지 가지고 놀다가 게임 중독에 빠지면 어쩌려고?"

"그렇지 않아요, 엄마. 엄마 말씀대로라면 게임기를 가진 우리반 아이들은 모두 게임 중독에 공부도 못하겠네요. 그런데 안 그렇단 말이에요."

"그래도 게임기는 네가 가지고 놀기에 너무 비싸고, 지금 너한테 게임기는 아무런 도움도 안 된다고 판단하기 때문에 안 돼. 그래서 절대로 사 줄 수가 없어! 엄마는 안 되는 건 하늘이 두 쪽 나도 안 된다는 거, 철이 네가 잘 알지?"

철이는 이왕 말이 나온 김에 제 생각을 털어놓으며 게임기를 사달라고 졸랐습니다. 그러나 엄마도 철이의 생각 하나하나에 반박을 하면서 한 걸음도 물러서지 않으셨습니다. 대화가 풀리지 않으니 게임기 문제는 그렇게 기약 없이 미뤄졌습니다.

그랬는데 아빠가 노트북을 사 오신 것입니다. 엄마는 게임기가 비싸다고 하셨지만, 노트북은 게임기보다 열 배도 더 비쌀 것입니다. 엄마 아빠는 필요한 것을 어떻게 해서든지 사십니다. 그게 철이의 불만을 더욱 키웠습니다.

잠시 후, 저녁식사 자리에서 아빠가 말씀하셨습니다.

"엄마한테 게임기 이야기는 들었다. 우리 이렇게 하면 어떻겠니?"

아직도 퉁퉁 부어 있던 철이는 아빠를 쳐다봤습니다.

"게임기를 가진 친구들 다섯 명 이상을 만나서 솔직한 대화를 나누어봐라. 게임기를 사기 전과 산 뒤에 달라진 점은 없는지,

게임기의 이로운 점과 해로운 점은 또 무엇인지 등등…. 그런 뒤에 엄마 아빠를 설득할만한 이유, 즉 네가 게임기를 가져야 할 확실한 이유를 세 가지만 내놓는 거야. 그러면 엄마 아빠가 계획을 세워서 게임기를 사주마."

"우와, 그게 정말이세요? 좋아요, 아빠!"

철이는 자신 있게 대답했습니다. 그렇게 신나는 게임기에 단점이 있을 까닭이 없다 했습니다. 부모님을 설득할 만한 이유도 세 가지 아니라 열 가지라도 만들어낼 것 같았습니다.

다음 날부터 철이는 학교와 학원에서 게임기를 가진 친구들과 이야기를 나누어봤습니다. 마치 설문조사를 하듯이 철이는 질문을 하고, 친구들은 대답을 하는 형식이었습니다.

"얘들아, 게임기가 있으면 좋은 점이 많지? 그치?"

"물론! 언제 어디서나 게임을 할 수 있으니 일단 기분은 좋지."

"그렇지? 그럼 게임기가 있어서 나쁜 점은 뭐야? 거의 없지?"

하지만 친구들은 철이의 기대와는 조금 다른 대답을 내놓았습니다.

"난 게임에 한번 빠지면 시간 가는 줄을 모른다는 게 힘들어."

"맞아! 나도 그러다 숙제를 못해서 화장실 청소를 한 적도 있어."

"공부할 때도 눈앞에서 계속 게임이 아른아른해. 심지어 시험 기간에도 게임을 하고 싶어서 집중이 잘 안 된다니까. 덕분에 성적도 좀 떨어졌고…."

친구들은 서로 맞장구를 치면서 뜻밖의 말들을 쏟아놨습니다.

"처음에는 게임을 하루에 한 시간씩만 하겠다고 엄마랑 약속했거든? 근데 게임을 하고 나면 더 하고 싶고, 하지 않으면 생각나서 못 견디겠더라고…. 엄마랑 약속한 한 시간을 지켜본 적이 거의 없다니까."

"나도 정작 해야 할 일들은 자꾸 뒤로 미루고 게임만 하게 되더라고."

"게임기를 켜면 곁에서 친구들이 아무리 재미있게 놀아도 관심이 없어져. 내가 한동안 우리 반 다미랑 친했던 거 알지? 근데 게임기 산 뒤로 서먹서먹해졌어. 자기보다 게임기가 더 좋으냐면서 화를 내더니, 그 다음부터는 나랑 이야기도 잘 안 한다니까. 그런데도 게임기를 버리지 못하겠어. 우리 아빠가 담배를 끊지 못하시는 것처럼 중독되었나봐."

"내 게임기 살래? 더 이상 게임의 노예가 되어서 내 뜻과 상관없이 끌려 다니는 것이 싫어. 철이야, 내 게임기 사라. 응? 나 좀 구해줘."

철이는 혼란스러웠습니다. 게임기를 가진 친구들을 보면 더없이 즐거워하는 듯해서 몹시 부러웠습니다. 그런데 그렇게 즐겁게 게임을 하던 친구들이 털어놓은 속내는 전혀 뜻밖의 내용이었습니다.

결국 철이는 게임기를 사야 되는 이유를 한 가지도 내놓지 못했습니다. 물론 이유를 정리하자면 한두 가지는 만들 수 있었습니다. 그러나 친구들과 대화를 해보니 엄마가 걱정하시던 것과 크게 다르지 않았습니다.

사실 집에서 컴퓨터를 가진 사람은 철이 뿐이었습니다.

아빠는 회사에 나가면 컴퓨터가 있지만, 집에서도 새로운 계획에 필요한 여러 가지 정보를 검색하기 위해 컴퓨터가 필요하다고 오래 전부터 말씀하셨습니다. 그리고 동화 쓰기를 좋아하시는 엄마도 컴퓨터가 필요하셔서, 짬짬이 철이 컴퓨터를 사용하셨습니다.

나중에 알고 보니, 엄마와 아빠는 두 분이 사용할 노트북을 마련하기 위해 오래 전부터 계획을 세우셨습니다. 엄마는 철이가 학교나 학원에 간 틈을 이용하여 부업을 하셨습니다. 아빠는 커피와 술을 줄이는 등 용돈을 절약하여 돈을 모았습니다.

"철아, 게임기를 사야 하는 이유는 아직 못 만들었니?"

며칠 뒤 일요일 아침, 아빠가 늦잠을 자고 나오는 철이를 쳐다봤습니다. 철이는 뒷머리를 긁적거리면서 겸연쩍게 웃었습니다. 게임기를 갖고 싶다는 단순한 생각으로 엄마를 졸라대던 일이 떠올랐기 때문입니다.

"아쉽지만 게임기는 포기할래요."

"그래? 그거 잘 됐구나."

"그 대신 아빠가 해주실 일이 있어요."

"느낌이 좋은 일 같은걸? 뭐든 말만 해라."

"오늘 산에 가실 때 저도 데려가 주세요."

"아빠랑 등산을 하겠다고? 다리 아프고 땀 흘리는 게 싫다면서?"

"생각을 바꿨어요. 친구들과 게임기의 장단점에 대한 토론을 하면서 깨달은 게 있거든요. 등산 다녀온 뒤에는 바둑도 가르쳐 주세요. 그리고 엄마는 동화 쓰는 법을 가르쳐 주셔야 해요."

아침식사 준비를 하던 엄마는 전혀 뜻밖이라는 표정으로 아빠와 서로 마주보셨습니다. 그리고 기대에 찬 표정으로 철이의 다음 말을 기다렸습니다.

"이제부터는 몸과 정신건강에 좋은 운동과 취미를 갖기로 했거든요."

"야아, 역시 우리 아들이다. 친구들과의 대화를 통해서 그렇게 좋은 생각을 했다니, 앞으로 종종 그런 기회를 갖도록 해야겠구나. 하하…."

아빠는 크게 웃으시면서 엄지손가락을 들어 보이셨습니다. 엄마도 매우 즐거워하시면서 철이를 끌어안고 등을 토닥여 주셨습니다.

◐ 대화 속에 숨은 비밀 1%

혹시 극기 훈련을 가 본 적이 있나요? '극기(克己)'의 '이길 극(克)'자는 무거운 것을 머리에 이고 다리가 구부정하게 된 모양을 본뜬 글자입니다. '참고 견디다'의 뜻을 지녔지요. 그래서 의지를 강하게 해주고, 달콤한 꾐을 물리치게 해주는 힘을 기르는 것이 바로 '극기 훈련'입니다.

철이가 게임기의 유혹에 빠진 것처럼, 사람은 살아가면서 수많은 유혹을 만나게 된답니다. 유혹은 처음에는 사소하고 별것 아닌 것처럼 보이기 때문에 쉽사리 빠져들게 되지요. 그래서 대개는 깊이 빠져든 뒤에야 깨닫게 됩니다. 철이 친구들 가운데 게임기 산 것을 후회하는 아이들처럼, 우리 어린이들이 감당하기 어려울 정도의 상황을 만나게 되는 것이지요.

물론 유혹에 빠지지 않으려면 그것을 물리치는 의지(극기)를 길러야겠지요. 철이는 게임기의 유혹에 빠져본 아이들과 대화를 통해서 극기를 했지요? 대화는 이렇게 많은 것을 깨닫게 해주는 다리 역할도 한답니다.

의논과 알림

그걸 아는 사람이 그래?

교실청소가 끝나갈 무렵, 한 친구가 솔깃한 제안을 했습니다.

"얘들아, 청소 끝내고 편 갈라서 축구할래?"

"좋아! 지는 편이 이긴 편 책가방 들어주는 거다?"

철이도 축구라는 말에 귀가 번쩍 뜨여 맞장구를 쳤습니다.

"그거 재밌겠다! 선생님께 얼른 청소검사 맡고 나가자."

철이와 친구들은 운동장 한쪽에 책가방으로 꼬마 골문을 만들고 축구를 시작했습니다. 전후반전 각 15분씩만 뛰기로 했습니다. 너무 늦으면 집에 가서 꾸중을 듣게 될지도 모르기 때문이었습니다.

양쪽 실력은 서로 비슷해서 다들 땀을 뻘뻘 흘리면서 공을 찼습니다. 서로 번갈아서 득점을 하다 보니 시간 가는 줄 모르고 전후반전을 끝냈는데, 결과는 철이 편이 3대 2로 이겼습니다.

세면대에서 땀과 먼지로 얼룩진 얼굴을 씻고 학교를 나섰습니다. 물론 철이 편은 상대편 친구들에게 책가방을 맡기고 홀가분하게 걸어갔습니다.

"출출한데 돈 걷어서 떡볶이 사먹을래?"

"그러자. 다들 주머니 털어봐!"

"떡볶이도 좋지만, 우리 너무 늦은 거 아냐?"

"정말! 그럭저럭 1시간 가까이 놀았잖아?"

"아이고, 호랑이로 변한 우리 엄마 얼굴이 보인다!"

"떡볶이는 나중에 먹고 뛰자!"

친구들은 저마다 서두르기 시작했습니다. 철이도 친구에게서 책가방을 받아 들고 냅다 집으로 달렸습니다.

동네 어귀에 들어설 때는 숨이 턱에까지 차올랐습니다.

슈퍼마켓 아저씨가 가게 앞을 쓸고 계셨습니다.

"안녕하세요, 슈퍼맨 아저씨?"

철이 또래들은 슈퍼마켓 아저씨를 '슈퍼맨' 이라고 불렀습니다. 인사만 잘해도 사탕을 덥석덥석 집어주시는 아저씨였습니다. 꼬마들끼리 싸움이 붙으면 열 일 제치고 달려와서 말려놓고는, 또 사탕과 음료수를 주면서 화해를 시키십니다. 어떤 때는 슈퍼마켓 앞에서 꼬마들과 축구를 하면서, 초등학교 때 축구 선수였다고 큰소리를 치기도 하십니다.

슈퍼맨 아저씨는 다급하게 달려가는 철이 인사에 힐끔 돌아봤습니다. 그러더니 아파트 단지를 향해 달려가는 철이 등에 대고 소리쳤습니다.

"야, 철아! 달아날 데 없으면 슈퍼로 와라!"

그 소리를 들은 철이는 흠칫했습니다.

"달아날 데 없으면 슈퍼로 오라고? 아니, 그럼?"

슈퍼맨 아저씨의 말이 가슴을 덜컥 내려앉게 했습니다. 불길한 예감에 고개를 들어 바라보니, 저만큼 아파트 출입문 앞에서 초조하게 서성이는 엄마 모습이 눈에 들어왔습니다.

철이는 저도 모르게 우뚝 멈췄습니다. 분위기가 사뭇 험악하게 느껴졌기 때문입니다.

"달아날 데 없으면 슈퍼로 와라!"

슈퍼맨 아저씨의 목소리가 귓가에서 맴돌았습니다.

잠시 후, 철이의 머뭇거리는 발걸음은 다시 엄마 곁으로 향하였습니다. 귀에 익은 발자국 소리에 힐끔 돌아본 엄마의 눈빛이 철이와 마주쳤습니다.

"엄마… 학교 다녀왔습니다."

"철이 너? 너 이 녀석… 냉큼 집으로 들어와!"

엄마는 찬바람을 일으키면서 앞서 집으로 들어가셨습니다. 뒤이어 철이가 현관에 들어서자마자 엄마의 꾸지람이 소나기처럼 쏟아졌습니다.

"철이 너, 어디서 뭣 하다가 이제야 들어오는 거야? 넌 도대체 집에서 기다리는 엄마 걱정은 눈곱만큼도 안하니? 학교 앞에는 과속방지 턱을 만들어놔도 차들이 씽씽 달리고, 방송에서는 잊을만하면 어린이 실종사건이 보도되는데…. 아니, 10분도 아니고 30분도 아니고… 한 시간 가까이 엄마 가슴을 새카맣게 태우는 애가 어디 있니?"

철이는 거실로 올라서지도 못한 채 소나기를 맞아야 했습니다.

"엄마, 저기…."

"하도 답답해서 선생님께 전화를 했더니 운동장에서 노는 아이들도 없다고 하고, 동네 놀이터에 가 봐도 보이지 않고, 슈퍼맨 아저씨한테 물어봐도 모르시고…. 파출소에 실종신고라도 해야 하나 어쩌나 밖에 나가 있던 참이야, 이 말썽쟁이야!"

"죄송해요, 엄마…."

신나게 축구를 한 철이한테는 짧은 시간이었습니다. 하지만 집에서 기다리는 엄마한테는 하루보다 더 길고 걱정되는 시간이었던 모양입니다.

엄마는 그렇게 한 시간 가까이 걱정되고 초조했던 마음을 꾸지람에 섞어 내뿜었습니다. 철이는 고개를 수그린 채 잠자코 서 있을 수밖에 없었습니다. 비집고 들어가서 왜 늦었는지 설명할 틈도 주지 않았기 때문입니다.

그런데 이상한 일이 일어났습니다. 잠시 엄마의 꾸지람을 들으면서 서 있던 철이의 마음이 편안해지기 시작했습니다.

처음에 엄마의 꾸중은 화가 잔뜩 난 목소리였습니다. 그렇지만 시간이 흐르면서 철이가 안전하게 돌아와서 다행이라는 엄마의 마음이 꾸중 속에 느껴지는 것이었습니다.

철이는 조심스럽게 고개를 들고 엄마 얼굴을 쳐다봤습니다. 그 순간 철이는 깜짝 놀랐습니다. 엄마가 울고 계셨던 것입니다.

엄마는 입으로는 계속 철이를 나무라면서, 두 뺨이 촉촉이 젖을 정도로 눈물을 흘리셨습니다.

엄마의 눈물은 엄마의 입과는 전혀 다른 말을 하고 있었습니다.

"만약에 너한테 무슨 일이 생긴다면 엄만 이겨낼 자신이 없단다. 그런데 넌 엄마 맘도 몰라주고 말 한마디 없이 그럴 수 있니? 하지만 네가 무사히 돌아와서 정말 다행이다. 그리고 너무 꾸짖어서 미안하다…."

참으로 이상한 일이었습니다. 귀로는 계속해서 쏟아지는 엄마의 꾸중이 들어오는데, 가슴 속으로는 이런 엄마의 마음이 메아리처럼 들려오는 것이었습니다.

철이는 멈칫멈칫 엄마 곁으로 다가갔습니다.

"엄마, 제가 잘못했어요. 다신 안 그럴게요…."

폭포수처럼 쏟아지던 엄마의 꾸중이 비로소 멎었습니다. 엄마는 말없이 잠시 그대로 서 계시더니, 이윽고 철이를 힘주어 끌어안았습니다.

"친구들이랑 운동장에서 축구를 했어요, 엄마…."

"선생님은 운동장에 아무도 없다고 하시던데?"

"전후반 15분씩만 뛰었거든요. 아마 우리가 떠난 뒤에 엄마가 전화를 하셨나 봐요. 그리고 곧장 달려왔는데…."

철이는 축구를 좋아했습니다. 축구 중계방송을 하면 밖에서 놀다가도 뛰어 들어올 정도였습니다. 엄마는 누구보다 그걸 잘아셨습니다.

"어쨌거나 얼른 씻고 간식 먹어라. 학원 갈 시간 다 됐잖아?"

엄마는 철이가 씻는 동안 맛있는 샌드위치를 만들어주셨습니다. 축구를 하느라고 속이 헛헛했는데, 시원한 우유와 먹는 샌드위치는 꿀맛이었습니다.

엄마의 두 뺨에는 이제 눈물의 흔적이 보이지 않았습니다.

"또 책가방 들어주기 했지?"

"네, 엄마…."

"표정을 보니 네 편이 이겼나보구나?"

"그럼요! 3대 2로 이겼는데, 저도 한 골 넣었는걸요?"

엄마는 기가 살아나는 철이의 이마에 아프지 않은 알밤을 먹였습니다.

"그래, 네가 친구들이랑 축구를 한 것은 잘못이 아니야. 친구들이랑 신나게 뛰어놀면서 우정도 다지고, 얼마나 좋니?"

"갑자기 칭찬을 해주시니까 불안해요, 엄마…."

"그래, 칭찬은 서론이고 이제부터 본론이다. 너희들이 전후반 30분 동안 축구를 한 것은 그리 오래 논 건 아니야. 어찌 보면 아주 작고 사소한 일이지. 그렇지만 문제는 우리 철이가 약 한 시간 동안 어디론가 사라져버렸다는 거야. 사랑하는 아들의 행방을 몰라 발을 동동 구르는 엄마를 한번 상상해보렴. 그 한 시간이 얼마나 길었을지 짐작하겠지?"

"네, 엄마…. 갑작스럽게 무슨 일이 생기면, 언제 어디에 가는지 선생님이나 부모님께 미리 알리라는 말씀을 하시려는 거죠?"

"그걸~ 아는 사람이 그래?"

엄마는 개그맨의 유행어를 익살스럽게 흉내 내셨습니다.

"히히, 엄마가 개그맨보다 더 웃겨요."

철이는 다시 환해진 엄마의 모습에 비로소 마음이 놓였습니다.

◐ 대화 속에 숨은 비밀 1%

부모님은 일을 하면서도 자식 걱정을 그치지 않는답니다. 학교에서 조금만 늦게 돌아와도 혹시 사고라도 난 건 아닐까, 못된 사람들한테 유괴되지나 않았을까, 친구들이랑 엉뚱한 곳에 놀러갔다가 길을 잃지는 않았을까… 걱정하시지요. 눈앞에 자식이 나타나야 비로소 안심을 하시는 부모님입니다.

우리는 가정에서는 가족과 함께, 학교에서는 선생님과 친구들과 함께, 사회(동네)에서는 이웃과 함께 더불어 살아갑니다. 이렇게 여러 사람이 공동생활을 할 때는 끊임없는 의사소통이 필요합니다. 사소한 일이라도 더불어 사는 사람들과 늘 의논하거나 미리 알려야 한다는 뜻입니다.

인기짱 대화의 비밀
인기 있는 사람은 이렇게 대화한다.

부드러운 목소리

대화를 할 때 사용하는 말, 즉 좋은 말과 나쁜 말, 부드러운 말과 거친 말등 어떤 말을 선택하느냐에 따라, 서로의 관계가 좋아지기도 하고 나 빠지기도 합니다. 또한 대화에서는 말의 내용뿐만 아니라 목소리도 참 중요합니다. "의사소통의 40%는 목소리에 의해 이루어진다."는 연구결과도 나왔다고 합니다. 목소리에는 말하는 사람의 감정이 숨겨졌기 때문입니다.

예를 들어볼까요? 부모님의 말씀에 공손하게 "알았습니다."하면 순종의 의미가 되지만, 고함지르듯이 "알았다니까요!"하면 저항한다는 말뜻이 되지요?

이처럼 목소리는 우리가 사용하는 말보다 더 중요하게 작용하기도 합니다. 여러분은 혹시 자신의 생각을 내세우기 위해 필요 이상의 목소리를 내진 않나요? 부드러운 목소리로 표현하는 자기주장이 때로는 훨씬 강하게 전달되기도 한답니다.

온몸으로 표현

"목소리가 의사소통의 40%를 차지한다면, '신체언어'는 그보다 더 높은 비중을 차지한다."

사람의 대화를 연구하는 전문 학자들의 말입니다. 여기서 '신체언어'는 얼굴 표정, 몸짓이나 손짓 등을 뜻합니다. 대화할 때 따뜻한 미소와 친근한 몸짓 등의 신체언어는 아주 효과적인 의사소통을 이뤄준다는 뜻입니다.

한 번 생각해보세요. 친구들과 대화를 하면서 차렷 자세로 눈동자도 움직이지 않고 입만 놀린다면 어떨지. 대화를 하는 재미도 없을뿐더러, 의사전달이 제대로 안 되겠지요? 지나친 신체언어는 예의에 어긋나지만, 적절한 몸짓은 말을 잘하는 멋진 사람이라는 인상을 심어 주기도 한답니다.

따뜻한 스킨십

적절한 높이의 목소리는 친절한 말을 더욱 부드럽게 만들어준다고 했지요? 마찬가지로 대화를 할 때, 상대에 따라 등을 다독거려준다든가, 손을 잡아준다든가, 애정 어린 포옹을 해주는 등의 다정스런 몸짓은 분위기를 한결 부드럽게 해주면서 의사소통의 효과를 강력하게 높여줍니다. 우리는 이런 몸짓을 '스킨십' 이라고 합니다. 참고로, 스킨십(skinship)은 영어사전에는 없는, 일본식 영어랍니다.

우리말로는 '살갗 닿기' '피부 접촉' 등으로 순화됩니다. 엄마 아빠를 비롯한 가족끼리, 혹은 다정한 친구끼리 사랑을 표현할 때 스킨십을 적절히 사용해보세요. 애정표현을 할 때 부드러운 스킨십은 수천 가지 말보다 훨씬 더 가까워지게 만든다고 합니다.

긍정적인 대화

몇 개 틀렸어요, 엄마?

"몇 개 틀렸니?"

이게 무슨 말이냐고요? 빛이 짝꿍 규성이 엄마의 입버릇 같은 질문입니다. 학교에서 시험 보는 날이면, 집에 돌아오자마자 엄마가 문을 열어주면서 가장 먼저 이렇게 묻는다는 겁니다.

"정말이지 그때는 엄마가 쏜 화살이 내 이마에 콱 박히는 느낌이야."

"히히, 그 마음 이해하겠다."

"빛이 너의 엄마는 어떠시니?"

"뭐, 우리 엄마도 맞은 문제보다 틀린 문제에 더 관심이 많으셔. 하지만 최소한 시험보고 돌아온 날은 내색하지 않으려고 무척 애를 쓰시는 편이야."

빛이 엄마는 집에 들어서는 딸의 책가방부터 받아주십니다. 속으로는 시험 결과가 알고 싶지만, 그래도 지쳐 돌아오는 딸을 먼저 위로해 주십니다.

"그동안 시험공부 하느라 애 많이 썼다. 최선을 다했지? 그래, 어서 씻고 푹 쉬어라. 엄마가 맛난 간식을 만들어주마."

빛이 말을 들은 규성이는 부러운 표정으로 한숨을 내쉬었습니다.

"우리 엄마도 그러면 얼마나 좋을까? 시험 때문에 쌓인 스트레스도 확 풀리고, 엄마가 더없이 존경스러워 보일 텐데. 우리 엄만 무조건 올백만 좋아하셔. 지친 모습으로 집에 들어서는 나한테 이번에는 몇 개 틀렸느냐, 엄마 친구 아들 아무개는 그렇게 올백을 잘한다는데 넌 언제나 엄마를 기쁘게 해줄 거냐…. 어휴! 우리 엄마는 내 마음을 정말 몰라 주신다니까."

"너무 속상해 하지 마. 엄마들은 대개 다 그렇잖아. 아빠는 어떠신데?"

"우리 아빠? 아빤 안 그러시지."

규성이 아빠는 시험지를 받아들면 언제나 수고했다는 말씀부터 하십니다.

"오늘 시험이 끝났다고? 그래, 수고 많이 했다. 어디 보자…. 흐음, 틀린 것보다 맞은 것이 더 많구나! 저번보다는 전반적으로 향상되었지? 그런데 산수가 좀 떨어졌구나? 실망하지 말고 열심히 하면 다음에는 더 좋은 점수가 나올 거야. 아빠가 보기에 넌 산수에 재능이 있거든."

아빠는 두말없이 도장을 꾹 찍어주십니다. 엄마는 더 좀 잘하라고 따끔하게 타이르지 않는다며 불만이 많으시지요. 아빠는 모른 척하고 바둑판을 끌어당겨 규성이와 마주앉아 버립니다. 그러면 엄마는 더 이상 잔소리를 못하십니다.

"빛이 넌 어떻게 생각하니? 집안 어른들이나 집에 오시는 손님들이 한결같지 않냐? 규성이 공부 잘하니? 반에서 몇 등이나 하냐? 우리 애는 만날 턱걸이하기 바빠서 정말 골치 아프다. 넌 안 그렇지? 열심히 해라. 공부를 잘해야 훌륭한 사람이 된단다. 자, 용돈이다. 한눈팔지 말고 공부 열심히 하라고 주는 거야. 뭐, 다들 이러시니 얼마나 재미없니?"

빛이는 동감이라는 듯이 키득키득 웃으면서 되물었습니다.

"이담에 네가 어른이 되면 어떻게 말할 건데?"

"나? 나야 멋지게 말하지. 어허, 녀석! 참 씩씩하게 생겼다. 그래, 무엇보다 튼튼한 게 최고다. 몸이 튼튼해야 공부도 잘하는 법이니까. 근데 요즘 초등학교에서는 남학생보다 여학생이 적다면서? 넌 여학생 짝꿍하고 앉았니? 빛이라는 예쁘고 착한 애랑 앉았다고? 야, 넌 행운아구나! 참, 요즘 유행어는 뭐냐? 우리 애들한테 유머를 아는 아빠라는 말 좀 듣게 몇 개만 가르쳐 줄래? 한 개에 용돈 천 원씩 줄게. 이러는 거야. 어때, 멋지지?"

"어머, 신선하다! 어른이 되어서도 그 마음 변치 않길 바란다. 호호…."

규성이는 가끔 어른들은 참 좋겠다는 생각을 합니다. 어른들은 숙제도 없고, 시험도 안 보고, 공부할 필요도 없으니까요. 또 용돈 쓰는 일이나, 보고 싶고 하고 싶은 일이나, 먹고 싶은 것 먹고 하고 싶은 말 할 때 스스로 결정한다는 것이 그렇게 좋아 보였습니다.

규성이는 가끔 어른들한테도 공부를 시키고 시험을 보게 하고 숙제도 내주었으면 신나겠다는 생각을 합니다. 그래야 어른들이 어린이들의 마음을 좀 더 깊이 이해해 줄 듯했습니다. 이때 숙제나 시험은 어린이들이 내주면 정말 신날 것 같았습니다.

그렇지만 그건 무지개를 타고 하늘에 오르는 것만큼이나 꿈

같은 일일 겁니다. 어른들은 그걸 잘 알기 때문에 마음 툭 놓고 어린이들이 싫어하는 잔소리만 하는지도 모른다 했습니다.

규성이가 올백 때문에 고민하면 아빠는 이렇게 말씀하십니다.

"어려울 것 없다. 세상살이가 다 그렇듯이 공부도 요령이거든."

"제발 그 요령 좀 가르쳐 주세요."

"하루도 빠지지 말고 예습과 복습을 철저히 하는 거야. 집에서 예습한 내용을 다음날 학교에서 공부하고, 학교에서 한 공부는 그날 집에 와서 복습하면, 한 곳을 세 번이나 공부하는 셈인데, 그게 머릿속에 안 들어가겠니? 예습 복습만 제대로 하면 시험공부도 과외공부도 학원도 다 필요 없다니까!"

"아빠는 그렇게 하셨어요?"

"응? 지금… 얘기 초점이 그것이냐?"

그래도 산수 점수가 떨어졌으니 학원에 다녀야겠다, 앞으로는 영어와 컴퓨터를 모르면 장님에 벙어리나 마찬가지니까 학원 추가다, 운동도 하나쯤 해야 남한테 얻어맞지 않을 테니 도장에 등록하자, 그림이랑 악기도 배워둬야 정서가 풍부해질 텐데 학원비 때문에 걱정이라는 등등의 엄마 말씀보다 훨씬 듣기 좋습니다.

그런데 기적 같은 일이 일어났습니다. 규성이가 꿈속에라도 일어났으면 좋겠다는 일이 현실로 나타난 것입니다. 그게 뭐냐고요? 바로 규성이 엄마가 시험을 보게 되었답니다.

기적이랄 것은 없고, 이웃 아줌마들이 색안경에 면장갑 끼고 멋지게 운전하는 모습에 시샘이 난 것입니다. 그래서 몇 달 동안 더욱 절약하고 아껴서 자동차 운전학원 등록비를 모으기 시작했습니다.

"나도 아침에는 아빠 출근시켜 드리고, 낮에는 자가용 타고 백화점에도 가고, 일요일에는 너희들 태우고 나들이도 할 거야. 기대해라!"

엄마는 시간만 나면 자동차 운전시험 문제집을 열심히 들여다보셨습니다. 자동차 운전면허증을 따자면 우선 필기시험을 통과해야 된다는 겁니다.

"몇 점 만점이에요, 엄마?"

"50문제 100점 만점에, 최소한 70점은 맞아야 합격이야."

"기대할게요, 엄마."

"뭘 기대해?"

"어른들은 언제나 모르는 것 없고, 못하는 일 없고, 모든 시험은 무조건 만점 맞을 듯이 저희들을 닦달하잖아요? 엄마의 만점 합격을 기대한다고요."

"호호, 뭐… 까짓 거, 한번 해보지…."

그랬는데, 드디어 엄마가 필기시험을 보는 날이 되었습니다.

"엄마, 시험 잘 보세요!"

"여보, 파이팅!"

아침에 아빠랑 규성이는 엄마를 격려해 드리고 집을 나섰습니다.

규성이는 하루 종일 공부도 제대로 되지 않았습니다. 엄마는 틈나는 대로, 또 밤늦게까지 공부하셨으니까 합격은 무난할 것으로 생각했습니다. 그렇지만 규성이가 궁금한 것은 합격이냐 불합격이냐가 아니었습니다.

규성이는 수업이 끝나기가 바쁘게, 빛이가 떡볶이 사준다는 것도 마다하고 집으로 달렸습니다. 예상대로 엄마는 밝은 얼굴로 문을 열어주셨습니다.

규성이는 엄마를 보자마자 대뜸 이렇게 물었습니다.

"몇 개 틀렸어요?"

"엄마가 누구냐? 척 합격했다!"

엄마는 어깨를 으쓱하면서 자랑스럽게 대답하셨습니다.

"축하해요, 엄마. 근데 몇 개 틀렸어요?"

엄마의 표정이 바뀌면서 눈썹이 심상치 않게 꿈틀거렸습니다. 규성이의 말뜻을 이제야 알아챈 것입니다. 그동안 규성이가 시험지를 받아올 때마다 엄마가 맨 처음 묻는 질문이 '몇 개 틀렸니?' 였다는 사실도 기억해냈습니다.

엄마는 슬쩍 규성이의 눈치를 보면서 얼버무렸습니다.

"합격했다는데 뭘… 몇 개 틀렸냐는 거야? 남자들도 여러 번 낙방하는 어려운 시험이지만, 엄마는 한 번에 합격했다니까…."

"글쎄, 몇 개 틀렸냐고요? 만점이에요?"

"만점? 아, 아니… 74점 받았으니까… 열세 개 밖에 안 틀렸지, 뭐…."

규성이는 집안으로 성큼 들어서면서 냅다 소리를 질렀습니다.

"열세 개라고요? 그렇게나 많이 틀렸어요? 저는 전 과목을 합해도 열 개 이상 틀려본 적이 없는데, 우와! 어떻게 된 거예요, 엄마?"

"뭐야? 너 이 녀석, 잡히기만 해봐…."

◐ 대화 속에 숨은 비밀 1%

미국의 제32대 대통령 루스벨트(1882-1945)는 제2차 세계대전을 승리로 이끌고, 국제연합(유엔)의 기초를 세운 인물입니다. 그의 부인 역시 미국인들의 사랑을 많이 받은 여성이었습니다. 항상 밝은 표정과 친절한 태도로 모든 사람을 대했기 때문입니다.

그녀는 열 살 때 고아가 되어, 먹을 것을 얻기 위해 혹독한 노동을 하면서 성장하였답니다. 그럼에도 불구하고 그녀는 언제나 긍정적인 생각으로 명랑하게 살았습니다. 생각과 생활이 그러하니 말도 늘 긍정적으로 했지요.

루스벨트와 결혼한 그녀는 여섯 아이를 낳았습니다. 그중 한 아이가 먼저 하늘나라로 갔을 때, 그녀는 슬퍼하는 남편에게 이렇게 말했습니다.

"우리에게는 아직 사랑해야 할 아이가 다섯이나 있어요."

나중에 루스벨트는 관절염을 앓아 휠체어 신세를 지게 되었습니다. 절망한 루스벨트는 아내에게 조심스럽게 물었습니다.

"당신은 불구자가 된 나를 아직도 사랑하오?"

그러자 아내는 명랑하면서도 다정한 목소리로 되물었습니다.

"여보, 내가 언제 당신의 다리만 사랑했나요?"

우리는 루스벨트 대통령의 부인처럼 늘 긍정적인 생각을 가져야 합니다. 그래야 밝고 명랑하게 자랄 수 있고, 나중에는 큰 꿈을 이루게 된답니다.

긍정적인 사람은 대화를 할 때에도 상대방에게 아주 좋은 인상을 남기지요. 규성이와 엄마 아빠의 대화 방법을 생각해볼까요? 엄마와 달리 아빠는 긍정적인 대화를 하시는 분이지요? 그래도 규성이의 재치로 엄마도 대화 방법을 고치게 될 것 같아 참 다행이에요.

스트레스 소동

쪼끄만 것들도 고민 있다고요!

"선생님, 김빛이 왔어요!"

1교시가 거의 끝나갈 무렵이었습니다. 초조한 표정으로 교실 출입문을 힐끔거리던 규성이가 반갑게 소리쳤습니다. 그 소리가 필요 이상으로 커서, 선생님과 아이들은 깜짝 놀라면서 출입문을 돌아봤습니다.

평소에 지각 한 번 하지 않던 짝꿍 빛이가 아무 연락도 없이 학교에 나오지 않자 몹시 걱정이 되었습니다. 규성이는 그렇게 기다리던 친구가 나타나자 어찌나 반갑던지 자신도 모르게 고함을 지르고 만 것입니다.

무슨 일인지 빛이는 출입문 앞에서 얼어붙어버렸습니다. 고개를 푹 수그린 채 꼼짝 않고 그렇게 서 있었습니다. 선생님은 그러는 빛이를 잠시 바라보다가 천천히 다가갔습니다.

"안 그래도 1교시 끝나면 집으로 전화를 하려고 했다. 오늘은 왜 너 혼자니? 선생님은 네가 진아랑 등교하다가 무슨 일이 생겨서 늦는 줄 알았는데….”

진아와 빛이는 어려서부터 한 동네에 사는 친구입니다. 유치원도 함께 다녔고, 학교도 5학년 때까지 같은 반이었습 니다. 아침마다 아파트에 사는 빛이가 단독주택에 사는 진아네 집으로 가서 함께 등교를 하곤 했습니다.

“김빛이, 어떻게 된 일인지 말해줘야지. 연락도 없이 함께 늦어서 선생님과 친구들이 얼마나 걱정했는데….”

“선생님, 진아가요….”

그러고 보니 빛이는 울고 있었습니다. 학교에 오는 동안 내내 울었는지 두 뺨은 눈물로 얼룩지고, 눈자위가 붉게 충혈 되어 있었습니다.

“빛이 너 우는 거니? 빛이야, 무슨 일이… 어머나!”

“진아가요, 선생님. 진아가… 으앙!”

빛이는 선생님이 뺨을 만지면서 얼굴을 들여다보자, 선생님 품안으로 와락 파고들면서 울음을 터뜨렸습니다. 선생님과 아이들은 다시 깜짝 놀랐습니다. 규성이는 어찌나 걱정이 되던지 저도 모르게 빛이 곁으로 달려 나왔습니다.

선생님은 빛이를 꼭 끌어안고 머리를 쓰다듬어 주셨습니다. 빛이는 선생님께 안긴 채 어깨를 들먹이면서 한참을 흐느껴 울었습니다.

“김빛이, 힘든 일이 있었나보구나? 그래, 힘들면 선생님이

도와줄게."

선생님은 다정하게 말하면서 빛이의 등을 토닥여주셨습니다.

잠시 후, 가까스로 울음을 그친 빛이가 한결 진정된 표정으로 선생님 품을 벗어났습니다. 선생님은 손수건을 들고 빛이 앞에 쪼그려 앉아 눈물을 닦아주셨습니다.

"선생님, 진아가… 병원에 있어요."

빛이는 다시 터지려는 눈물을 억지로 참으면서 입을 열었습니다.

"진아가 병원에 입원했어? 어제까지 멀쩡했는데, 갑자기 왜?"

이날 빛이의 이야기를 들은 선생님과 아이들은 큰 충격에 휩싸였습니다. 평소에 그렇게 밝고 명랑하던 진아가 아침에 의식을 잃고 쓰러져 병원에 실려 갔다는 것이었습니다.

빛이가 아침에 진아를 부르러 가면, 진아는 대문 앞에서 빛이를 기다리거나, 안에서 반갑게 대답하면서 뛰어나오곤 했습니다. 그런데 이날 아침에는 중학교 3학년인 진아네 오빠가 대문을 열어주었습니다.

"진혁 오빠, 안녕? 진아는?"

대문 안을 기웃거리면서 묻던 빛이는 흠칫 놀랐습니다. 왠지 집안에서 무겁고 어두운 분위기가 느껴졌기 때문입니다. 그래서 빛이는 연세가 많은 진아 할머니께서 편찮으신가 했습니다.

“빛이 왔니? …진아는 병원에 실려 갔어.”

“할머니가 아니라 진아가? 왜? 무슨 일이야, 진혁 오빠?”

“아침에 진아가 쓰러졌는데 의식을 못 찾아서….”

“어머나! 어쩌면 좋아….”

빛이는 순간 올 것이 왔구나 하는 생각에 눈앞이 캄캄해졌습니다. 잠깐 어지럼증이 일어나면서 비틀거리는 빛이를 진혁이가 부축해주었습니다.

“어느 병원이야? 함께 가보자, 진혁 오빠!”

“엄마가 난 지각하면 안 된다면서 학교에 가랬어….”

“으이그, 지긋지긋한 특목고 병!”

빛이는 이를 악물면서 진혁이가 가르쳐준 병원으로 달렸습니다.

“우리 엄마는 특목고 병에 걸렸나봐. 하늘이 두 쪽 나도 나랑 오빠를 특목고에 집어넣고야 말겠대. 그것 때문에 오빠는 새벽 2시 전에는 잠도 못 자. 난 벌써부터 학교 끝나면 학원 쫓아다니기 바쁘고. 빛이야, 넌 유치원 때부터 내 친구니까 말하는데…. 학원 다니기 싫어 죽겠어. 좋아하는 동화책도 읽고 싶고, 친구들이랑 마음껏 놀고 싶은데, 너무 힘들어….”

“엄마랑 얘기를 한번 해보지 그러니? 우린 아직 초등학생인데….”

“해봤어. 엄마한테 그 얘기를 했더니, 뭐랬는줄 알아? 내가 동화책이나 읽고 친구들이랑 어울리기 시작하면 바로 그 순간부터 내 인생은 끝장난대. 특목고를 가야 일류대학에 가고, 일류대학을 나와야 내 인생이 보장된다는 거야. 세상에는 특목고에 가는 사람보다 보통고등학교에 다니는 사람이 더 많잖아? 엄마 말대로라면 우리나라는 온통 끝장난 인생을 사는 사람들뿐이게? 빛이야, 나 그냥… 죽어버렸으면 좋겠어."

요즘 들어 부쩍 힘들어하던 진아의 목소리가 병원으로 달리는 빛이의 귓가를 맴돌았습니다. 진아의 하소연을 들으면서도 설마 쓰러질 정도일 줄은 상상도 못했습니다.

진아 엄마는 남매를 특목고에 보내기 위해 신경을 쓰다 보니 불면증까지 걸렸다고 했습니다. 오래 전부터 수면제가 아니면 잠을 이루지 못한다는 것이었습니다. 언젠가 진아는 빛이한테 그 얘기를 들려주면서 책상 서랍에서 손수건에 싼 수면제를 꺼내 보여주었습니다. 엄마의 약봉지에서 아무도 모르게 한두 알씩 빼내서 모으는 중이라고 했습니다.

"넌 잠도 잘 자면서 그걸 왜 모으는데?"

"응, 그냥…. 나중에 혹시 쓸 데가 있을지 모르잖아?"

빛이는 생각이 여기에 미치자 가슴이 철렁 내려앉았습니다. 혹시, 진아가 오래 전부터 무서운 마음을 먹었는지도 모른다는 느낌이 들었던 것입니다. 진아가 얼마나 힘들었으면 그랬을까 생각하니 눈물이 걷잡을 수 없이 쏟아졌습니다.

병원에 도착하니 진아 엄마는 빛이를 끌어안고 한참을 울었습니다. 진아는 이제 막 응급실에서 일반병실로 옮겨졌는데, 몸이 많이 쇠약해졌을 뿐 별다른 이상은 없다고 했습니다.

병원으로 달려올 때는 진아 부모님께 마구 따지고 싶었습니다. 진아를 이 지경으로 만든 사람은 엄마와 아빠라고 소리치고 싶었습니다. 그러나 빛이는 후회의 눈물을 흘리는 두 분 앞에서 아무 말도 할 수가 없었습니다.

"진혁이는 힘들어하는 줄 알았지만, 설마 진아도 이렇게 힘들어할 줄은 몰랐구나. 진아가 학원 다니기가 너무 힘들고, 엄마가 원하는 대로 성적도 올리지 못해서 죄송하다는 글을… 마치 유서처럼 쓴 편지를 책가방에 넣어가지고 다녔더구나. 미안하다, 빛이야. 진아랑 제일 친한 너를 볼 면목이 없구나."

빛이의 설명을 들은 선생님도 소리 없이 눈물을 흘리셨습니다. 교실 여기저기에서 책상에 엎드려 우는 아이들의 흐느낌이 들려왔습니다.

진아의 소식은 이날 해가 지기 전에 학교 전체에 알려졌습니다.

수업이 끝난 뒤, 빛이와 몇몇 친구들은 선생님과 함께 진아 문병을 갔습니다. 선생님은 병원 앞에서 예쁜 꽃바구니를 하나 사셨습니다.

진아는 선생님과 친구들을 보더니 말없이 미소만 지었습니다. 선생님께서 꽃바구니를 내밀자 금방 두 눈에 눈물이 가득 고였습니다.

"이게… 뭐예요, 선생님?"

진아는 꽃바구니에 꽂힌 카드를 가리키면서 물었습니다.

"선생님이 진아한테 들려주고 싶은 말이야. 읽어봐."

진아야, 네가 많이 힘들어하는 것도 몰랐다니 미안하구나. 그렇지만 많이 아프지 않아서 참 다행이다. 앞으로는 힘든 일이 생기면 언제라도 선생님과 친구들이 함께 할게.

내일은 내일의 태양이 뜬다는 거, 잘 알지?

-진아를 사랑하는 선생님과 친구들이.

진아의 얼굴이 한결 밝아진 것을 보고 집에 돌아왔지만, 빛이는 말을 잃었습니다. 동생 철이한테 진아 얘기를 들어서 알고 있는 부모님도 충격을 받으신 듯했습니다.

"뉴스에 보도되는 대로, 중 · 고등학생들이나 철없는 짓을 하는 줄 알았더니…. 세상에 초등학생이 뭘 안다고 그런 유서 같은 편지를 써갖고 다녔다니? 진아 부모님이 얼마나 놀라셨을까?"

엄마가 식탁에 저녁상을 보면서 혼잣말처럼 중얼거리셨습니다. 빛이는 그 말을 들으면서 괜히 울컥했지만, 아빠가 말을 잇는 바람에 입을 다물고 말았습니다.

"초등학생들이라고 왜 고민이 없겠어요? 집에서 학교로, 학교에서 학원으로, 학원에서 집으로 다람쥐 쳇바퀴 돌듯 하 느라 친구들이랑 놀 시간도 없잖아요? 게다가 친구들한테 괴롭 힘을 당하는 아이, 부모님한테 자주 혼나는 아이, 아무데도 하소연할 곳이 없는 아이…. 어쩌면 초등학교 때 그렇게 힘들어 하던 아이들이 중 · 고등학교 때 자살 충동을 느끼는지도 몰라요."

"당신은 애들 듣는 데서 별 소릴 다하시네요."

그날 저녁식사 자리는 마치 모르는 사람들끼리 밥을 먹는 것 같았습니다. 빛이는 진아 생각 때문에 밥을 제대로 먹을 수가 없었고, 부모님과 철이는 깊은 상처를 입은 빛이 걱정 때문에 그냥 말없이 밥만 먹었습니다.

엄마는 오늘도 식사 후에 과일을 깎으셨습니다. 과일 한 조각을 포크로 찍은 아빠는 그걸 빛이한테 내밀었습니다. 그리고는 비로소 입을 열었습니다.

"이제 기분이 좀 나아졌니? 내일 아침에는 아빠가 학교에 데려다 줄까?"

"모르겠어요. 모든 게 엉망진창이 된 느낌이에요. 저도 확 죽어버리고 싶어요, 아빠…."

빛이의 말이 끝나자마자 엄마가 기어코 폭발하였습니다.

"듣자듣자 하니까 얘가 못하는 말이 없네? 넌 뭐가 불만이어서 그러는 거야? 아무리 철부지라지만 부모 앞에서 죽는 다는 소리가 그렇게 쉽게 나오니? 안 그래도 진아 얘기를 듣고 가슴이 다 내려앉았는데…."

"엄만 아무것도 모르면서…."

빛이는 다시 울음을 터뜨리면서 제 방으로 들어가 버렸습니다.

"내일부터 학교도 그만둘 거야! 죽어 버리면 그만이지, 뭐!"

방문이 요란하게 닫히는 저쪽에서 빛이의 울부짖음이 들렸습니다. 엄마는 엄마대로 화가 나서 벌떡 일어섰지만, 아빠가 팔을 움켜쥐는 바람에 다시 식탁 앞에 앉았습니다.

"그러지 말고 혼자 내버려둬요. 오늘 정신적인 충격이 컸던 모양이오."

사실 고학년이 되면서 빛이와 엄마는 자주 티격태격했습니다.

빛이가 부쩍 외모에 신경을 쓰면서 한번 거울 앞에 서면 몸치장에 시간 가는 줄 몰랐고, 엄마는 그럴 시간 있으면 책이라도 한 장 더 보라고 나무랐습니다.

시장에서 옷이나 양말을 살 때에도 반드시 말다툼을 거쳤습니다. 빛이는 자꾸만 유행을 따르고 싶어 했고, 엄마는 초등학생이 연예인 흉내나 내려고 한다면서 의견 충돌을 일으켰습니다.

학원을 선택할 때도 엄마는 이름난 학원을 고집하고, 빛이는 친구들이랑 함께 다니는 학원을 원했습니다. 용돈 문제도 그렇고, 사사건건 엄마와 신경전을 벌이는 빛이었습니다.

하지만 엄마 아빠가 빛이가 미처 생각하지 못한 문제점들을 조목조목 지적해주면 고분고분 고쳐나가곤 했습니다. 그런데 이번 사건은 빛이한테 큰 혼란을 가져다 준 듯했습니다.

빛이는 그날 밤 깊은 잠을 이룰 수가 없었습니다. 사실은 엄마 아빠도 마찬가지였습니다. 유서를 써가지고 다니던 진아가 쓰러져 입원한 사건이 남의 일 같지 않았기 때문입니다.

특히 아빠는 거의 뜬눈으로 밤을 보냈습니다. 빛이가 학교에 들어가기 전까지만 해도 아빠는 많은 시간을 딸과 함께 했습니다. 그러나 빛이가 점점 자라는 동안 아빠도 회사에서 책임이 무거워졌고, 그러다보니 딸과 함께 하는 시간이 점점 적어졌습니다.

아빠는 오늘에야 부쩍 커버린 딸을 보았습니다. 바쁘다는 핑

계로 대화도 자주 갖지 못하였습니다. 아빠 가슴 속의 빛이는 여전히 어린애로 남아 있었고, 고민이나 해결하기 어려운 문제 따위는 아직 가질 나이가 아니라고만 생각했습니다.

빛이가 아빠 마음에 드는 행동이나 말을 해도 칭찬도 제대로 해주지 못했습니다. 그러나 어쩌다 눈에 거슬리는 짓을 하면 화를 내면서 따끔하게 나무랐습니다.

이런저런 생각을 하다 보니 어느새 날이 밝았습니다.

아빠는 엄마가 아침식사 준비를 위해 부엌으로 나가자 뒤따라 방을 나왔습니다. 그리고는 빛이 방문을 조용히 열고 안을 들여다봤습니다. 엄마가 그러는 아빠를 돌아보면서 빛이도 들을 만큼 큰 소리로 말했습니다.

"빛이 깨워서 씻으라고 해주세요, 여보."

"쉿!"

아빠는 손가락을 입에 대보이고는 빛이 방으로 들어갔습니다. 빛이는 아직 자고 있었습니다. 아빠는 잠시 딸아이 머리맡에 서서 잠든 얼굴을 내려다봤습니다. 괜스레 미안한 마음이 솟구쳐 올라와서 혼잣말처럼 중얼거렸습니다.

"미안하다, 빛이야. 아빠가 널 안아준 것이 언제였지?"

인기척을 느꼈는지 빛이는 벽 쪽으로 돌아누워 계속 잠을 잤습니다.

"학교 갈 시간 다 되어 가는데, 애 깨우지 않고 뭐하세요?"

밖에서 엄마가 재촉하는 소리가 들렸습니다. 아빠는 천천히 침대 옆에 무릎을 꿇고 앉아 딸을 들여다봤습니다. 그리고 딸의 이마와 볼에 따뜻한 뽀뽀를 해주었습니다.

"오늘은 날씨가 참 좋구나, 빛이야. 사랑한다, 얘야…."

아빠는 잠자는 딸에게 이렇게 속삭이면서 일어섰습니다.

"애 학교 안 보내실 거예요? 내가 들어가요?"

부엌에서 들려오는 엄마의 고함에 아빠는 서둘러 방을 나섰습니다.

"유치원 때부터 줄곧 같은 교실에서 공부하던 친구가 그렇게 되어서 마음이 얼마나 아프겠소? 빛이가 학교에 가기 싫다면 쉬도록 해줍시다, 여보."

"아무리 힘들어도 학교에는 가야지, 무슨 말씀이세요?"

엄마와 아빠가 가벼운 말다툼을 하는데 갑자기 빛이가 방에서 나왔습니다.

"엄마, 밥 주세요! 학교 늦겠어요."

"어어? 빛이야, 너 깨어 있었니?"

아빠가 당황한 얼굴로 빛이를 바라봤습니다. 빛이는 그러는 아빠는 쳐다보지도 않고 철이 방으로 들어가더니 요란하게 소리를 질렀습니다.

"야, 잠꾸러기 김철! 얼른 일어나 씻고 밥 먹어야지!"

엄마와 아빠는 잠시 멍한 표정으로 마주쳐다보셨습니다.

사실 빛이는 진아가 쓰러져 입원한 소동을 보면서 많은 생각을 했습니다. 입만 열면 공부하라는 말을 귀에 딱지가 앉도록 하는 어른들이 미웠고, 그럴 수밖에 없는 우리나라 교육 현실이 슬펐고, 진아의 고민이 딱히 남의 일만은 아니라는 생각에 몹시 불안했습니다. 진아의 일이 곧 자신의 일이라는 생각을 한 것입니다.

학교도 공부도 다 싫어졌습니다. 아니, 무엇보다 불안해서 견딜 수가 없었습니다. 그래서 잠도 깊이 못 잤습니다.

아침에 얼핏 문 열리는 소리에 잠을 깼는데 아빠가 들어 오셨습니다. 자는 척하고 아빠의 행동에 신경을 잔뜩 곤두세웠습니다. 그런데 아빠는 그동안 빛이와 자주 놀아주지 못하고, 함께 대화하지 못한 것을 미안해하셨습니다.

물론 빛이도 아빠의 심정을 충분히 이해했습니다. 회사에서 아빠가 점점 책임 있는 자리에 오르면서 더욱 시간 내기가 어려워지고, 그러다보니 마음과는 달리 가족과 함께 하는 시간이 줄어들었던 것입니다. 그래도 빛이는 늘 안아주고 등을 다독여주시던 아빠의 손길이 그리웠습니다.

특히 어려운 일을 겪을 때에는 더욱 그랬습니다. 어제 저녁 식사 자리에서는 고함이라도 마구 지르고 싶은 것을 꾹꾹 눌러 참았습니다. 그랬는데 아침에 아빠의 따뜻한 목소리와 다정스러운 뽀뽀로 예전의 사랑을 다시 느끼게 되었습니다.

"엄마 아빠는 아직도 날 깊이 사랑하셔! 그럼 됐지, 뭐."

빛이는 아빠가 방에서 나가자마자 벌떡 일어났습니다. 부모님의 깊은 사랑에 보답하기 위해서 당장 뭔가 하고 싶었습니다. 그때 늦잠 자는 철이가 생각나서 곧장 동생 방으로 들어간 것입니다.

잠시 후, 빛이가 동생의 등을 떠밀면서 방에서 나왔습니다. 그러자 아빠가 주먹을 쥐고 흔들며 덤벼들었습니다.

"빛이 너, 자는 척하면서 아빠한테 능청을 부렸지?"

"으악! 엄마, 아빠 좀 말려줘요!"

빛이는 재빠르게 화장실로 달아나면서 소리쳤습니다.

어느새 밝은 햇살이 베란다 창문을 통해 밀려들었습니다.

◐ 대화 속에 숨은 비밀 1%

"고민? 쪼끄만 것들이 무슨 고민이야? 엄마 아빠가 필요한 것 다 사주고, 먹이고 입혀서 공부시켜주는데, 뭐가 부족해서?"

부모님이 이러실 때는 정말 답답하지요? 누구라도 가슴을 열고 따뜻한 마음으로 우리들의 고민과 아픔과 상처를 달래줄 사람이 필요하다는 걸 왜 모를까요? 부모님은 우리들처럼 어린 시절이 없으셨을까요? 아니면, 어린 시절이 너무 오래 전에 지나가버려서 까맣게 잊으신 걸까요?

여러분은 학교 공부에 학원까지 다니느라 힘들거나, 친구들한테 괴롭힘을 당하거나, 부모님께 혼나거나, 이성 친구 문제로 고민이 생겼을 때 어떻게 하세요? 딱히 털어놓고 이야기할 사람이 없어서 그냥 참고 넘기자니 많이 힘들다고요?

이제부터는 그렇게 쉽게 포기하거나 참아 넘기지 마세요. 여러분이 말을 하지 않으면, 부모님은 자녀가 아무 문제없이 잘 지내는 줄 알고 오히려 안심하신답니다. 직접 말씀을 드리기 어려우면 편지나, 이메일이나, 휴대폰 메시지로 여러분의 고민을 한번 털어놔보세요. 부모님의 넓고 따뜻한 가슴은 언제라도 여러분을 안아줄 준비가 되어 있으니까요. 이 세상에 자식을 사랑하지 않는 부모님은 한 분도 안 계시거든요.

어이아이 말버릇

할머니의 비밀을 밝혀내라!

이상한 일입니다. 규성이 할머니께서 한숨을 내쉬기 시작한것입니다. 사람들 말대로, 통 크고 손 크고 목소리 크기로 유명 한 규성이 할머니랑 한숨은 영 어울리지 않았습니다. 그러니 이상한 일이라는 것입니다.

규성이 할머니는 경우에 어긋난 일을 보면, 그 상대가 가족이건 이웃이건 모르는 사람이건 가리지 않고 달려드십니다. 백발의 할머니가 팔 걷어붙이고 천둥치듯이 호령하면서 따지고 들면 당해낼 사람이 없었습니다. 그렇지만 돌아서면 내가 언제 그랬느냐는 듯이 호탕하게 배를 들먹이면서 너털웃음을 웃으십니다.

규성이 할머니는 할아버지가 계시는 시골 큰집과 서울 고모네 집과 규성이네 집을 마음 내키는 대로 돌아다니며 지내십니다. 규성이는 할머니가 집에 계실 때가 참 좋습니다. 엄마 아빠가 성적 때문에 규성이를 나무라거나 잔소리를 하면 곧바로 방패

막이를 해주시거든요.

"사내아이들은 그저 튼튼하고 씩씩한 것이 우선이다. 공부해라, 공부해라 들볶아도 소용없다. 다 할 때 되면 하느니라. 아, 애비 너는 안 그랬냐?"

엄마 아빠가 접근도 못하게 규성이를 끌어안고는 엉덩이를 토닥여주십니다. 그러니 할머니만 곁에 계시면 마음이 편안하고 든든한 규성입니다.

규성이가 애들이랑 싸우거나 말썽을 부릴 때도 마찬가집니다.

"애들은 다 싸우면서 크고, 말썽 부리면서 자란단다. 애비 너 자랄 때랑 똑같은데, 뭘 그러니? 으이그, 귀여운 내 강아지!"

온 얼굴에 미소와 주름을 출렁이면서 규성이 볼에 뽀뽀를 해주시면, 엄마와는 다른 할머니 냄새가 긴장을 확 풀어줍니다. 어디 그뿐인가요? 할머니는 용돈도 손에 잡히는 대로 주시는 분입니다. 돈을 한 장 두 장 세는 법이 없습니다.

사실 엄마가 정기적으로 주시는 용돈은 빠듯하기만 합니다. 군것질도 마음 놓고 하기 어렵고, 짝꿍 빛이랑 떡볶이 한번 가슴 펴고 먹을 수가 없습니다. 그런 사정을 아시는 걸까요? 할머니가 지갑에서 잡히는 대로 꺼내주시는 돈은 거금 만 원짜리들입니다.

"우와! 할머니, 이렇게 많은 돈을 어디다 쓰죠?"

"사내 녀석이 잘기는…. 부끄럽지 않다고 생각되는 일이면 어디에 얼마를 써도 좋다. 하하하….”

호탕한 할머니 말씀 중에 ‘부끄럽지 않다고 생각되는 일’ 이라는 대목이 가슴에 콱 박혔습니다. 마치 할머니의 잠금장치 같았습니다. 그래서 규성이는 할머니께서 주시는 돈은 대개 저축을 했습니다. 규성이의 저축에는 세뱃돈이나, 집에 오는 손님들이 주시는 돈도 포함되었습니다. 불우이웃을 한번 통 크게 도와주거나, 컴퓨터 업그레이드에 보탤 생각이었습니다.

이런 할머니였지만, 규성이를 크게 꾸중하신 적도 있습니다. 규성이 자신도 깨닫지 못했던 말버릇 때문이었습니다.

어느 일요일이었습니다. 고모네 집에 계시던 할머니한테서 전화가 왔는데, 규성이가 받았습니다. 할머니는 규성이네 집에 오시고 싶다면서, 아빠더러 차를 가지고 와서 데려가라고 하셨습니다.

“지금 아빠 안 계신데요, 할머니?”

“일요일인데 어디 갔니?”

“회사에 가신 것 같아요.”

“회사에 가, 신, 것, 같, 아, 요?”

“네, 할머니. 그런 걸로 알고 있는데요.”

“뭐야? 이번에는 그, 런, 걸, 로, 알, 고, 있, 는, 데, 요?”

“하, 할머니…. 왜 그렇게 말씀을 무섭게 하세요?”

"네 이놈! 거기 꼼짝 말고 있어라!"

할머니는 느닷없이 벼락 치듯이 고함을 지르고는 30분도 안 되어서 택시 타고 들이닥쳤습니다. 그러더니 평소에 그토록 사랑하던 규성이한테 삿대질까지 해대면서 꾸짖으셨습니다.

"자고로 사내는 맺고 끊는 것이 있어야 하는 법이다. 그런데 뭐라고? 그런 것 같고, 그런 걸로 알고 있다고? 그러면 그렇고, 아니면 아니야! 모르면 모르는 것이고, 알면 아는 거야, 이놈아."

아닌 밤중에 홍두깨라더니 규성이는 정신을 차릴 수가 없었습니다. 자신이 도대체 뭘 잘못했기에 할머니께서 그토록 화를 내시는지 몰랐기 때문입니다.

잔뜩 주눅이 든 채로 할머니 말씀을 찬찬히 곱씹어봤습니다. 잠시 후에야 규성이는 할머니가 왜 그렇게 화가 나셨는지 알게 되었습니다.

아빠가 회사에 갔으면 확실하게 갔다고 하고, 아니면 어디에 갔는지 모른다고 할 것이지, 이것도 저것도 아닌 '간 것 같다' 가 뭐냐는 뜻이었습니다. 또 그러면 확실하게 그렇고, 아니면 자신 있게 아니어야지, 이것도 저것도 아닌 '그런 걸로 알고 있다' 는 또 뭐냐는 것이었습니다. 그렇게 불확실하고 자신 없는 대답을 왜 하느냐는 것이었지요.

“그런 말투는 겁쟁이들이나 사용하는 거야! 매사에 자신이 없으니까 미리 꽁무니 뺄 자리를 만드는 소리야! 알겠느냐?”

규성이는 그날 아무 뜻 없이 내뱉는 말 한마디도 얼마나 큰 힘 큰 힘을 갖는지 알게 되었습니다. 규성이나 친구들은 다들 그들 그럽니다. 누가 “오늘 기분이 어때요?” 하고 물으면, “좋아요!” 나 “나빠요!” 가 아니라 “좋은 것 같아요!” 나 “나쁜 것 같아요!” 라고 대답합니다. 다른 사람도 아닌 자기 기분을 묻는 건데 말입니다. 겁쟁이들처럼 자신이 없고, 뭔가 책임을 회피하려는 속뜻이 깔린 말투라는 할머니의 가르침이셨습니다. 나중에 어른이 되어서 책임 있는 일을 할 때에도 그런 말버릇을 버리지 못하는 겁쟁이가 되려고 그러느냐는 것이었지요.

그런데 이런 규성이 할머니한테 한숨과 시름이 찾아온 것입니다.

“알 수 없는 일이야. 엄마 아빠는 아직 눈치 채지 못하신 것 같은데….”

규성이는 좀 더 자세히 관찰하기 시작했습니다. 그랬더니 할머니는 신문을 보시다가도 혀를 툭 차면서 그만두시고, 텔레비전을 보시다가도 고개를 갸우뚱하면서 한숨을 푹 내쉬시고, 시골에 계시는 할아버지께 편지를 쓰시다가도 손수건으로 시름겹게 눈물을 닦으시고, 바느질을 하시다가도 천장을 멍하니 쳐다보면서 눈을 비비시고….

할머니가 그러시니 집안에 갑자기 대화가 끊기기 시작했습니다. 엄마 아빠도 할머니 눈치를 살피시면서 전전긍긍할 수 밖에 없었습니다.

"야, 짝꿍! 너 요새 무슨 고민 있냐?"

학교에서 쉬는 시간에 할머니 생각을 하면서 멍청하게 앉아 있는데, 빛이가 어깨를 툭 치면서 물었습니다. 규성이는 깜짝 놀라 빛이를 돌아보다가 그만 저도 모르게 입을 헤 벌리고 웃었습니다.

"얘 좀 봐? 조금 전까지 온 세상 걱정은 혼자 짊어진 표정이더니, 갑자기 뭐가 좋아서 그렇게 웃는 거야?"

"헤헤, 빛이야. 넌 참말로 예뻐…."

"어머머? 야, 최규성! 정신 차려!"

"앗, 미안해…. 무슨 생각을 하다가 갑자기 네 얼굴이 눈앞에 나타나니까 나도 모르게 그만, 히히."

"무슨 생각을 그렇게 골똘히 했는데?"

규성이는 비로소 할머니의 비밀을 털어놨습니다.

빛이는 뜻밖에도 별것 아니라는 듯이 간단하게 말했습니다.

"이따 수업 끝나고 우리 외할머니한테 함께 가자."

"왜? 외할머니한테 이 손녀 사윗감을 소개하려고?"

빛이의 알밤이 사정없이 규성이 이마에 박혔습니다.

"으이그, 할머니 속내는 할머니들이 더 잘 아실 테니까 여쭤보자는 거야."

"맞아! 역시 넌 슬기롭고 예쁜 내 짝꿍이야."

규성이는 친구들만 없으면 빛이 볼에 뽀뽀라도 해주고 싶었습니다.

그날 오후, 빛이네 외할머니는 규성이 이야기를 듣더니 별것 아니라는 듯이 빙그레 웃으셨습니다. 그러면서 원인 분석은 물론 해결 방법까지 친절하게 가르쳐 주시는 것이었습니다.

"고맙습니다, 할머니! 성공하면 박하사탕 한 봉지 선물할게요."

"호호호, 기대하마!"

그날 규성이는 그동안 모아두었던 돈을 조금 허물었습니다.

저녁식사가 끝난 뒤, 규성이는 할머니 곁으로 다가앉았습니다.

"할머니, 눈 좀 감아보세요."

"연속극 보는데 눈은 왜 감으라고 하니?"

"어서요, 할머니. 제가 뜨라고 할 때까지 절대로 뜨시면 안돼요."

할머니는 엄마 아빠를 돌아보시더니 마지못해서 눈을 감으셨습니다. 규성이는 오후에 준비해두었던 선물 꾸러미를 할머니 손에 쥐어드렸습니다.

"이제 눈을 뜨셔도 돼요, 할머니."

할머니는 눈을 뜨고 규성이가 드린 선물을 풀어보셨습니다. 내용물이 드러나자 할머니는 물론 엄마 아빠까지 눈이 휘둥그레졌습니다.

"아니, 규성아. 이건 돋보기 아니냐?"

"할머니, 너무 우울해하지 마세요. 빛이 외할머니가 그러시는데, 사람은 누구나 나이가 들면 시력이 떨어진대요. 그래도 할머니는 다른 사람들보다 늦은 편이라던데요? 건강한 노인들한테도 돋보기는 필요한 것이라니까, 이걸 쓰고 신문도 보시고 할아버지한테 편지도 쓰세요. 전 한숨 쉬는 할머니보다 통 크고 목소리 큰 할머니가 더 좋아요."

할머니는 돋보기를 쓰고 신문을 들여다보더니 다시 벗으셨습니다. 그리고는 갑자기 얼굴이 밝아지면서 규성이 엉덩이를 철썩 때리셨습니다.

"하하하! 사내 녀석이 뭐가 되려고 이리 곰살맞을까? 애비야, 네가 아들한테 한 수 배워야겠다. 으이그, 내 강아지…."

호탕한 할머니의 웃음이 다시 집안 분위기를 명랑하게 바꿔 놓았습니다.

◐ 대화 속에 숨은 비밀 1%

할머니께서 규성이한테 지적해준 말버릇, 어린이 여러분은 어떻게 생각하세요? 대화는 상대방의 얘기를 잘 새겨듣는 것도 중요하지만, 자신의 말버릇도 아주 중요하답니다. 무심코 내뱉은 말 한마디가 결과를 크게 좌우할 수 있으니까요.

혹시 '어 다르고 아 다르다'는 속담을 아세요? 왜 어른들이 "말이라는 게 어 다르고 아 다른 법인데, 그렇게 함부로 하면 어떡합니까?"라는 표현을 가끔 쓰시잖아요? 같은 말이라도 어떻게 표현하는가에 따라 상대가 받아들이는 기분이 다르다는 뜻도 되고, 항상 말을 조심해야 한다는 의미이기도 합니다. 참고로, '어 다르고 아 다르다'는 이 속담을 한자로는 어이아이(於異阿異)라고 한답니다.

인기짱 대화의 비밀

공자님도 대화의 달인이었다.

불교를 세운 석가모니, 중국의 대철학자 공자, 기독교를 세운 예수, 고대 그리스의 철학자 소크라테스를 세계 4대 성인이라고 합니다. 이 가운데 공자(기원전 551-479)가 이룬 학문 유학(儒學)은 조선시대의 통치이념이 될 만큼, 우리 문화에 큰 영향을 미쳤습니다. 다음은 공자의 가르침 가운데, 대화의 비밀을 풀어줄 명언들입니다.

"서로의 입장을 바꿔서 생각하라."

대화를 할 때에 내 의견만 내세우려 하면 의사소통이 이뤄지지 않습니다. 상대와 처지를 바꾸어서 생각하여 보는 마음가짐이 중요합니다. 서로 상대의 입장이 되어 말뜻을 헤아리고, 상대의 의견을 존중하여 귀 기울인다면 즐거운 의사소통이 이뤄질 겁니다.

"윗사람에게는 공경하는 자세로 대하고, 아랫사람에게는 친밀히 사랑하는 태도를 가져라."

어른의 말씀은 공손히 귀담아 듣고, 의견을 말씀드릴 때에는 예의를 갖추어 공경하는 자세로 이야기합니다. 아랫사람과 대화를 나눌 때에는 친근한 표정과 몸짓으로 말을 하고, 또 상대의 말을 주의 깊게 들어줍니다. 이러한 대화 예절은 의사소통을 잘 이뤄지게 해줍니다.

"자기가 싫어하는 것을 남에게 베풀지 말라."

내가 듣기 싫은 말은 상대도 역시 싫어합니다. 내가 싫어하는 대화 자세나 대화 예절을 상대에게 보여주면, 상대는 마음에 큰 상처를 입게 됩니다.

**"다른 사람의 몸도 내 몸 같이 소중히 여기고,
다른 사람에게 바라는 일을 내가 먼저 그에게 베풀어라."**

대화를 할 때에도 상대를 존중해주고, 그의 말을 귀 기울여 듣는 자세가 중요합니다. 대부분의 사람은 대화 도중에 상대가 자신의 의견을 옳다고 인정해주고, 적절한 격려와 칭찬을 해주면 좋아합니다. 인정과 격려와 칭찬을 내가 먼저 상대에게 해주면, 대화소통이 더욱 잘 이뤄지지 않을까요?

**"평소에 공손하고, 일을 하는데 신중하고,
사람을 대하는데 진실해라."**

항상 상대를 공손히 대하고, 그의 말을 신중하게 듣고, 그 말에 진실하게 대답한다면, 아마도 모든 사람의 사랑을 받게 될 겁니다.

"자기를 낮추고 남을 높여주어라."

대화를 할 때에는 언제나 겸손한 태도를 보여야 하고, 처음부터 끝까지 상대를 존중하는 자세가 반드시 필요합니다.

아름다운 짝꿍

사귀면 사랑하는 거예요?

토요일 오후, 아침부터 하늘이 낮게 가라앉아 있더니 기어코 비를 뿌리기 시작했습니다. 완이는 창밖으로 주룩주룩 내리는 비를 바라보다가 저도 모르게 한숨을 내쉬었습니다. 창문을 적시는 빗줄기가 갑자기 다미 얼굴을 그려놓는 것이었습니다.

완이는 머리를 탈래탈래 흔들면서 거실로 나왔습니다.

아빠가 모처럼 일찍 들어오셨습니다. 아빠랑 저녁식사를 한 완이는 텔레비전도 마다하고 다시 제 방으로 들어갔습니다. 왠지 자꾸만 기분이 가라앉았기 때문입니다.

"숙제나 할까? 에이… 내일이 일요일인데, 뭘. 동화책이나 읽을까? 그것도 시시해…. 이럴 땐 그저 게임이 최곤데, 게임 중독을 벗어나느라고 엄마 잔소리 들으며 고생하던 생각을 하면 끔찍하고…."

어둠을 배경으로 한 창문을 바라보면 아직도 생글 미소 짓는 다미의 얼굴이 떠올랐습니다. 바로 그때 인기척이 들려 흠칫 놀라 돌아보니, 아빠가 슬그머니 들어오셨습니다.

"아들! 바쁘냐?"

"토요일 저녁인데요, 뭘…."

아빠는 그냥 들어와 봤다는 듯이 방안을 쓰윽 훑어보셨습니다. 그리고는 완이랑 눈을 한번 마주치더니, 창가로 다가와 아들 옆에서 내리는 빗줄기를 바라보셨습니다. 사실은, 저녁을 먹으면서 완이 얼굴이 어두운 것을 보고 웬일인가 하여 탐색하러 들어오신 아빠였습니다.

"비가 제법 내리는구나?"

"봄을 재촉하는 비래요, 텔레비전에서…."

"봄비라…. 어른들은 이런 날이면 문득 생각나는게 있단다."

"엄마랑 맥주 한잔 하시죠, 뭐. 김치부침개라도 붙여서…."

"좋지! 근데 저녁을 배불리 먹었더니 별로다."

"그럼 텔레비전이나 보시던가요."

아빠는 퉁명스런 완이 말투에 머쓱해졌습니다. 속으로 '이 녀석 봐라?' 했지만, 다시 아무렇지도 않다는 듯 아들이 내다보는 창밖을 주시했습니다.

"근데, 너희들은 이런 날 빗줄기를 바라보면 무슨 생각이 나니?"

"뭐… 우리의 삶은 무엇일까? 왜 이렇게 살아야 할까? 등등…."

아빠는 초등학교 3학년이 마치 어른 같은 말을 하자 두 눈이 동그래지셨습니다. 아빠는 아들과의 대화에 점점 흥미를 느끼면서 다시 물었습니다.

"그것 참, 깊고 오묘한 말이로구나. 그래, 우리 아들의 삶은 어떻지?"

"만날 어린이란 존재는 도대체 뭔지 의심스럽죠, 뭐. 아침에 눈을 뜨면 저녁에 잠자리에 들 때까지 이래라저래라, 그래선 안 된다 이래야 한다, 지시와 명령과 가르침과 거듭되는 잔소리 속에 하루를 보내잖아요? 그게 다 우리들 잘되라고 하는 소리라니 찍소리 할 수도 없고요."

"하나같이 듣기 싫고 하기 싫은 소리겠지?"

"어른이 그런 걸 다 아세요?"

"아빠도 너만 했을 때 똑같은 고민을 했다, 이 녀석아!"

아빠는 완이 뒤통수에 아프지 않은 알밤을 한 대 먹였습니다.

"히히, 저도 알아요. 근데… 사실은 다른 고민이 있어요."

"아빠도 그런 것 같아 들어왔다. 여자 친구 문제지?"

"으악! 아… 아빠…."

완이는 짐짓 뒷걸음질을 치면서 아빠를 쳐다봤습니다.

"한동안 사귀다가 너의 그 게임중독 때문에 서먹서먹해진 그 아이지? 아빠가 교통사고로 돌아가셨다는 그 귀여운 아이 말이야. 이름이 뭐더라? 그래! 다미, 오다미. 맞지?"

"아빠가 어떻게 그렇게 자세히 아세요?"

"사랑하는 아들에 대한 관심 덕분이지."

"존경해요, 아빠…."

어른들 말씀대로 진짜 비가 내리면 남자들은 감상적(지나치게 슬퍼하거나 쉽게 기뻐하는 것)이 되는 걸까요? 완이는 평소와는 달리 여자 친구 문제를 속속들이 털어놨고, 아빠는 진지하게 듣고 많은 충고를 해주셨습니다.

"이왕 말이 나온 김에 궁금한 게 있으면 다 털어놔라."

"알았어요, 아빠. 남자랑 여자랑 사귀면 사랑하는 거죠?"

"왜 그렇게 생각하니?"

"학교 형들이 그러는데요, 사귀면 사랑한다고 말해야 된대요."

"사랑한다는 말만 하면 된대?"

"…이건 말 안 하려고 했는데요, 키스도 해야 된대요. 아무도 없는 데서."

"혹시 다미가 사랑한다는 말도 키스도 안 해서 멀어졌다고 생각하니?"

"상급생 형들이 하는 얘기를 들었어요. 사귀면 다 그러는 거라고…."

"넌 어떻게 생각하는데?"

"전… 제가 게임에 빠져서 다미를 만나도 데면데면하니까 그런 줄 알았거든요. 그래서 게임기만 끊으면 다미랑 다시 가까워질 줄 알았는데, 다미는 아직도 제가 다가가도 모른 척해요."

"일단 너의 판단은 정확했다고 생각한다. 그런데 말이야…."

아빠는 완이의 손을 잡고 천천히 말씀하셨습니다.

"남자와 여자의 사귐은 참으로 멋지고 아름다운 일이야. 그렇지만 어른은 어른답게, 어린이는 어린이답게 사귀어야 그 아름다움이 빛나는 법이란다."

"어린이답게 사귀는 게 어떤 건데요?"

"예를 들자면 서로의 고민을 들어준다거나, 어려운 일이 있을 때 힘이 되어준다거나, 숙제와 시험공부를 함께 한다거나…. 그 정도면 아름답지 않을까?"

"키스나 사랑한다는 말은 어린이다운 사귐이 아니라고요? 저도 사실은… 그걸 꼭 해야 된다면 어쩌나 했어요. 뭔가 나쁜 일을 저지르는 느낌이었거든요. 다미를 위하는 방법도 아닌 것 같고…."

그때 방문이 조용히 열리면서 엄마의 얼굴이 보이는 바람에 아빠와 아들의 대화는 중단되었습니다. 엄마는 얼굴만 들이민 채 두 사람의 눈치를 살폈습니다.

"아빠와 아들이 엄마는 따돌리고 뭐하세요? 나, 소외감 느낀다고요."

"아, 여보! 들어와요, 들어와. 어때, 아들? 괜찮겠지?"

"네, 뭐…. 좀 쑥스럽긴 하지만…."

"이번 일은 엄마가 절대로 필요하다. 여자 마음은 여자들이 잘 알거든."

엄마는 그제야 과일과 음료수를 담은 쟁반을 들고 안으로 들어오셨습니다. 엄마 아빠와 완이는 과일과 음료수를 먹으면서 다시 이야기를 계속했습니다.

아빠가 엄마한테 간략하게 설명을 한 뒤에 의견을 물었습니다.

"당신은 왜 다미가 완이를 모른 척한다고 생각해요?"

"다미는 아직도 완이를 좋아해요. 다미가 의식적(어떤 것을 알거나 느끼면서도 일부러)으로 완이를 모른 척하는 것이 그 증거예요."

"왜 좋아하면서 일부러 모른 척하죠, 엄마?"

"자기한테 좀 더 관심을 가져주고, 친하게 지내자고 말하라는 뜻이지. 즉, 너의 관심과 표현 부족을 지적하는 말없는 행동이야."

"여자들은 왜 그렇게 어려워요? 그게 무슨 말씀이냐고요?"

"다미를 위해 게임기를 끊기만 하면 뭘 해? 그 애랑 친해지고 싶은 마음을 가슴속에 담아두기만 하면 뭘 하느냐고? 말을 하고, 행동으로 보여줘!"

그제야 완이의 얼굴이 밝아지기 시작했습니다. 비로소 엄마 말 말뜻을 이해한 것입니다. 아빠도 박수를 치면서 엄마의 의견에 맞장구를 쳤습니다.

"맞았어! 그러니까 엄마 말씀은 다미한테 좀 더 관심을 갖고 가까이 다가가라는 거야. 네가 다미랑 친하게 사귀고 싶어 하는 마음을 표현하라는 가르침이고!"

"아들만 가르치지 마시고, 당신도 저한테 관심 좀 가져주세요!"

"당신도 참, 하하하!"

엄마 아빠 덕분에 원인 분석과 해답은 얻었습니다. 그러나 엄마 아빠는 문제의 해결 방법은 전적으로 완이에게 맡겼습니다. 완이는 생각 끝에 곧 돌아올 다미의 생일 때 자신의 마음을 전하기로 했습니다.

하지만 다미는 생일 전날까지 완이한테 초청한다는 말을 하지 않았습니다. 작년만 해도 완이는 생일 초청자 명단의 1순위였습니다.

완이의 고민이 다시 깊어지기 시작했습니다. 초청하지도 않았는데 생일 파티에 참석할 수는 없었기 때문입니다.

학원이 끝난 뒤, 완이는 철이를 붙잡았습니다.

"뭐라고? 나더러 다미네 집에 함께 가달라고?"

"부탁해, 철이야. 용기가 나질 않아서 혼자는 못 가겠어."

"좋아, 친구 좋다는 게 뭐냐? 그 대신 공짜는 없다?"

"알았어. 아이스크림 사줄게."

완이는 철이와 함께 동네 꽃가게로 갔습니다.

"저… 친구 생일 선물로 줄 건데요, 꽃 좀…."

꽃집 아줌마는 완이와 철이를 번갈아 쳐다보더니 히죽웃었습니다.

"여자 친구 생일이구나? 그렇다면 당연히 장미꽃이지. 내가 예쁜 꽃바구니를 하나 만들어 주마!"

"왜, 왜요? 왜 장미가 좋아요?"

철이가 완이 대신 물었습니다. 꽃집 아줌마는 빨간 장미와 분홍 장미 몇 송이와 안개꽃을 골라내더니 조그만 꽃바구니에 장식하기 시작했습니다.

"여기 이 빨간 장미는 꽃말이 '열렬한 사랑' 이고, 분홍 장미는 ‘사랑의 맹세’ 를 뜻한단다. 어때? 여자 친구 생일 축하 로 딱 알맞은 꽃이지?”

“그럼 안개꽃은요?”

완이의 질문에 꽃집 아줌마의 대답이 이어졌습니다.

“안개꽃은 꽃말이 ‘고운 마음’ 이야. 게다가 장미꽃 잎은 ‘당신에게 원하는 것이 있다’ 는 뜻을 갖고 있고, 장미 가시는 ‘엄격함’ 을 의미한단다. 사랑을 고백하는 데에는 이만한 꽃이 없다니까. 호호호!”

눈과 손은 꽃바구니 만드는 데에 집중하면서, 연신 늘어놓는 아줌마의 너스레에 두 친구는 키득키득 웃었습니다. 꽃집에 들어설 때는 좀 쑥스러웠는데, 아줌마의 명랑한 수다에 그런 어색함이 싹 가셨습니다. 게다가 아줌마의 솜씨가 어찌나 좋은지 예쁘고 앙증맞은 꽃바구니가 뚝딱 완성되었습니다.

완이는 주머니에서 그동안 모아 두었던 돈을 주섬주섬 꺼냈습니다. 미처 얼마짜리 꽃바구니로 해달라는 말을 못해서, 많이 비싸면 어쩌나 하는 걱정이 얼굴에 가득했습니다. 꽃집 아줌마가 그 마음을 안다는 듯이 말했습니다.

“난 꽃을 선물하는 남자가 제일 좋더라! 그렇다고 공짜로 줄 수는 없고, 어쩌면 좋지? 에이, 기분이다! 본전도 안 되지만, 3천원만 내라. 그 대신 조건이 있다. 그 아가씨랑 반드시 아름 다운 친구 사이가 되어야 한다.”

“알겠습니다, 아줌마. 고맙습니다!”

다행히 다미는 아직 학원에서 돌아오지 않았습니다. 문을 열어 준 다미 엄마는 완이를 알아보고 깜짝 반가워했습니다.

"완이 왔구나? 그동안 잘 지냈니? 다미는 학원에서 아직 안 왔는데…. 그렇지만 좀 들어오렴."

"아니에요. 그냥… 이것만 전해드리려고…."

"어머나, 예쁘기도 해라. 다미 생일 선물이구나?"

다미 엄마는 자꾸만 들어와서 음료수라도 마시면서 기다리라고 했습니다. 다미가 곧 학원에서 돌아올 시간이라는 것이었습니다. 하지만 완이는 집에서 미리 써온 카드를 꽃바구니에 꽂아 놓고, 서둘러서 다미네 집을 나와 버렸습니다. 가슴이 어찌나 두근거리는지 다미를 마주볼 수가 없을 것 같았습니다.

"아까 그 카드에는 뭐라고 썼냐? 사랑 고백이냐? 히히…."

편의점에서 아이스크림을 먹으면서 두근거리는 가슴을 진정

시키는데, 철이가 장난스러운 얼굴로 물었습니다. 완이는 그 내용을 철이한테 말해주지는 않았지만, 엊저녁에 끙끙거리면서 고치고 또 고친 끝에 완성한 카드입니다.

[다미야, 생일 축하해!
사실은 너랑 다시 친하게 지내고 싶어.
그래서 네가 싫어하던 게임기도 끊었어.
다미야, 우리 예전처럼 친하게 지내자.
-너의 친구 완이가.]

다음날, 학교에 간 완이는 조심스럽게 다미 쪽으로 고개를 돌렸습니다. 그러자 그곳에 이쪽을 바라보는 맑은 눈동자가 기다리고 있었습니다. 다미는 오랜만에 완이랑 눈을 마주치면서 생글 웃었습니다.

완이도 미소를 보내자 다미가 손을 까닥거렸습니다. 완이가 가까이 다가갔더니, 다미는 다른 아이들이 듣지 못하게 가만가만 물었습니다.

"장미꽃이 정말 예쁘더라. 근데 너, 이따 시간 있니?"

"이만큼 있지!"

완이는 기다렸다는 듯이 두 팔을 활짝 펼쳐보였습니다.

"그럼 학원 끝나고 우리 집으로 와. 꼭 와야 돼, 알았지?"

"알았어! 고마워, 다미야…."

◐ 대화 속에 숨은 비밀 1%

대화는 생각할수록 참 어렵지요? 특히 이성 친구 사이에는 더욱 그렇습니다. 친구끼리는 잘 통하던 말도 이성 친구한테는 먹히지 않을 때가 많습니다.

우리 속담에 '말 한마디에 천 냥 빚도 갚는다.'는 말이 있습니다. 말만 잘하면 어려운 일이나 불가능해 보이는 일도 해결할 수 있다는 뜻이지요.

그렇다고 아무 말이나 잘하기만 하면 될까요? 쓸데없는 말을 하면 듣기 싫은 잔소리가 됩니다. 상대가 싫어하는 말을 해도 역효과가 나타납니다.

상대의 마음을 움직이는 대화, 특히 이성 친구에게 감동을 주는 대화의 비결은 뭘까요? 가장 중요한 것은 거짓 없는 진심입니다. 말솜씨가 조금 서툴더라도 자신의 진심을 솔직하게 털어놓는 거지요.

정 어려울 때는 부모님이나 선생님의 도움을 받아보세요. 어른들은 경험이 많기 때문에 좋은 가르침을 줄 거예요. 부끄러워할 것 없습니다. 이것도 중요한 공부거든요. 완이도 다미와의 우정을 위해 부모님과 꽃집 아줌마와 친구 철이의 도움을 받았잖아요?

단점보다 장점

부모님 효도여행 비밀작전

"부반장, 김철. 왜 여태 집에 안 갔니?"

수업이 끝난 뒤, 3학년 선생님들의 회의를 마치고 교실로 돌아온 선생님은 깜짝 놀랐습니다. 부반장을 맡은 철이가 아직 집에 가지 않고 선생님 책상 앞에 앉아 있었기 때문입니다.

"선생님을 기다린 모양인데, 무슨 일 있니?"

"호석이를 탄핵해야겠어요, 선생님."

"반장을 탄핵하다니? 왜?"

'탄핵' 은 어떤 사람이 잘못한 사실을 들어서 꾸짖거나 나무라는 것을 말합니다. 그러니까 반장을 탄핵한다 함은, 반장이 그 책임을 다하지 못하고 잘못을 저질렀을 경우, 학급 회의를 열어 반장을 그만두게 하거나 처벌하는 일을 뜻합니다.

철이는 그동안 참아왔던 반장에 대한 불만을 털어놨습니다.

"반장은 아침에 일찍 나와서 교실에 별다른 일은 없는지 살펴보기도 하고, 선생님이 오시기 전에 아이들이 수업준비를 하지 않거나 떠들면 조용히 시켜야 되잖아요?"

"요즘 호석이 대신 철이가 그 일을 도맡아 한다면서?"

"선생님도 알고 계셨어요?"

"그래, 나도 지켜보는 중이란다."

"호석이가 잘해주면 좋을 텐데, 자기가 반장인 걸 아는지 모르는지 다른 애들처럼 떠들고 장난치는 데만 정신이 팔려 있거든요."

"그래서 부반장이 반장 책임까지 떠맡느라고 힘들었구나?"

철이는 답답하기도 하고 힘들기도 해서 엄마께 여쭤보았습니다. 엄마가 잘했다고 칭찬을 해주시면 기운이 날 것 같았습니다. 하지만 엄마는 칭찬은커녕 꾸지람만 하셨습니다.

"넌 부반장이야, 부반장. 네가 뭔데 반장 일까지 떠맡아 하는 거야? 떠드는 애들 이름 적고 그러다가, 아이들이 너를 싫어하면서 따돌리기라도 하면 어쩌려고 그래?"

철이 말을 들은 선생님은 고개를 끄덕이면서 말씀하셨습니다.

"엄마한테는 선생님이 전화를 해주겠지만, 반장과의 일은 둘이 만나서 대화를 해봤으면 좋겠다. 철이가 생각하는 것과는 달리 반장은 따로 뭔가 까닭이 있어서 아이들과 어울리는지도 모르니까 말이야."

"알겠습니다, 선생님."

그날 집에 돌아온 철이는 엄마한테 칭찬을 듬뿍 들었습니다. 아마도 철이가 학교에서 출발한 뒤에 선생님께서 엄마한테 전화를 하신 모양이었습니다.

"네가 반장 일까지 떠맡는다고 꾸지람한 거, 미안하다. 선생님께서 전화를 하셨는데, 우리 철이가 부지런하고 책임감이 강해서 부반장 일을 믿음직하게 잘한다는 거야. 엄마가 미처 우리 아들의 장점을 발견하지 못했지 뭐니?"

엄마는 철이를 껴안고 엉덩이를 토닥토닥, 두 볼에 번갈아가며 뽀뽀를 쪽쪽, 사랑을 듬뿍 담아 칭찬해 주셨습니다. 철이는 그동안 반장 때문에 속상했던 일까지 다 풀리는 듯 기분이 좋아졌습니다.

반장과 껄끄럽던 사이도 다음날 아침에 다 해결되었습니다.

철이는 호석이를 교실 밖으로 불러내어 솔직하게 말했습니다.

"뭐, 날 탄핵하겠다고? 아니야, 부반장. 그건 오해야."

"오해라고? 그럼 내가 이해할 수 있도록 설명을 해봐."

"난 반장이 된 뒤로 먼저 우리 반의 화합을 이뤄내고 싶었거든. 그래서 아이들이랑 고루 어울리면서 협동이 잘 되는 학급으로 만들려고 노력한 거야."

반장의 이야기를 들은 철이는 문득 엄마의 말씀이 떠올랐습니다. 잘못하는 것만 나무랐지, 그것이 장점이라는 사실을 깨닫지 못했다는…. 철이는 비로소 한쪽에서 보면 단점이고 고쳐야 될 일도, 다른 방향에서 보면 장점이 될 수도 있다는 사실을 깨달은 것입니다.

"그것도 모르고 난 네가 아이들이랑 떠들고 장난치는 줄만 알았지 뭐야? 미안해, 호석아. 너의 그 깊은 마음을 헤아리지 못하고, 속 좁게 탄핵할 결심까지 했으니…. 그렇지만 난 네가 반장의 책임도 성실히 수행해줬으면 좋겠다."

"나도 미안해. 앞으로는 이런저런 일을 부반장이랑 의논하도록 할게."

일이 잘 풀리는 날에는 흐뭇한 일만 생기는 모양입니다.

그날 오후에 학원에서 돌아온 누나는 철이를 놀이터로 불러냈습니다. 그리고는 깜짝 놀랄만한 비밀을 말해주는 것이었습니다.

"엊저녁에 늦게까지 동화책을 읽다가 화장실에 가려고 안방 앞을 지날 때였어. 갑자기 방안에서 엄마 아빠의 한숨 소리가 들리는 거야."

"엄마 아빠가 한숨을?"

엊저녁, 빛이는 소변 마려운 것도 잊은 채 방문 앞에서 귀를 기울였습니다. 어른들의 말씀을 엿듣는 것은 나쁜 일이지만, 그래도 부모님의 한숨 소리를 듣고도 모른 채 할 수는 없었습니다.

"휴우, 해마다 똑같아요. 올해가 벌써 15년째인데 한 번도 마음 놓고 여행을 다녀온다든가, 우리 둘만의 오붓한 시간을 가져본 적이 없잖아요?"

"미안하오, 여보. 무능한 남편을 두어 당신이 고생만 하는 구려."

대화 내용으로 미뤄 싸움을 하시는 것은 아니었습니다. 그렇다면 한숨의 원인은 어떤 알 수 없는 고민 때문이라는 것이 확실해졌습니다.

"이게 어디 당신 탓이겠어요? 웃어른 받들고 애들 키우면서 살림 꾸려나가느라고, 한 해 한 해 미루다 보니 이렇게 된 것을요."

"휴우, 그렇게 이해해주니 고맙소. 당신은 아이들한테는 어진 어머니요 나한테는 더없이 착한 아내요. 그래서 내가 당신을 사랑한다니까!"

"어머나? 올해도 말로 비행기만 태우다 말려고요?"

"그래서 말인데, 그냥 어디 가까운 온천에라도 다녀오면 어떻겠소? 빛이랑 철이가 착하고 책임감이 강해서, 하루 이틀쯤은 안심해도 될 텐데…."

"그렇지만 불안해서 어떻게 집을 애들한테 맡겨요?"

점점 소변이 급해졌지만, 빛이는 안방 문 앞을 떠날 수가 없었습니다. 궁금하기 짝이 없는 내용의 대화가 계속 이어졌기 때문입니다.

"시골 어머니를 모셔오면 어떻겠소?"

"그건 안 돼요! 여행을 못 가면 그만이지, 어떻게…."

"그게 어려우면 장모님한테 애들을 좀 봐달라고 하지, 뭐."

"친정 부모님이 아무리 가까이 사셔도 전 못하겠어요. 어떻게 우리끼리 여행을 다녀오겠다고 어른들더러 집을 봐달라고 해요?"

"휴우, 그럼 올해도 작년과 똑같겠구려."

"어쩔 수 없죠, 뭐. 올해도 애들 데리고 나가서 외식이나 합시다."

빛이는 여기까지만 들었습니다. 더 이상 참을 수가 없어서 화장실로 달려 간 것입니다. 그러나 15년째니, 여행이니, 외식이니 하는 수수께끼 같은 단어들이 계속 머릿속을 떠나지 않았습니다.

그 궁금증이 풀린 것은 오늘 아침이었습니다.

엄마는 평소처럼 부지런히 아침 준비를 하셨습니다. 아빠는 아침 운동을 다녀와서 거실 소파에 신문을 들고 앉으셨습니다.

그러면서 세수를 하고 나오는 빛이한테 안방에서 안경을 갖다 달라고 하셨습니다.

아빠 안경은 안방 문갑 위에 놓여 있었습니다. 안경을 들고 돌아서던 빛이는 문득 걸음을 멈추었습니다. 문갑 위의 부모님 결혼사진 때문이었습니다.

"올해가 15년째라면, 혹시…."

돌아서서 결혼사진을 들여다보던 빛이는 손바닥으로 자기 이마를 딱 소리 나게 쳤습니다. 사진 속의 아빠는 지금처럼 배도 나오지 않고 늠름한 멋쟁이였고, 엄마는 지금보다 얼굴이 훨씬 더 갸름한 것이 빛이와 똑같았습니다.

다정한 신랑신부 옆에 세워진 예식장 팻말이 빛이의 시선을 끌었습니다. 신랑 신부 이름이 나란히 적혀 있고, 그 밑에 연도와 날짜가 선명했습니다.

"맞아, 바로 이거야! 내일이 결혼기념일이었어!"

비로소 엊저녁에 빛이가 들었던 엄마 아빠의 한숨 소리에 얽힌 수수께끼가 풀리는 순간이었습니다. 신혼여행을 다녀온 뒤로는 살림하랴 빛이와 철이 남매 키우랴 여행은 물론, 단 둘만의 오붓한 시간을 가질 여유조차 없었던 부모님이었습니다. 사진을 들여다보는 빛이는 가슴이 아팠습니다.

누나 얘기를 들은 철이도 잠시 할 말을 잃었습니다.

"어떡하지, 누나?"

"엄마 아빠의 소원을 풀어드려야지."

"우리가 무슨 돈으로?"

"부모님 돈으로!"

빛이는 좋은 아이디어가 있다는 듯이 철이를 쳐다보면서 생글생글 웃었습니다. 철이는 그러는 누나의 속내를 알 수 없어 애가 탈 지경이었습니다.

"엄마 아빠는 왜 지난 15년 동안 한 번도 여행을 떠나지 못하셨을까?"

"그야 우리 남매만 남겨두고 떠나실 수가 없었던 거지."

"맞았어! 우리가 그 문제를 해결해 드린다면?"

"엄마 아빠는 15년 만에 결혼기념 여행을 떠나시는 거지!"

남매는 이제야 서로 마음이 통하면서 하이파이브를 힘차게 했습니다. 그리고는 머리를 맞대고 놀이터 의자에 앉아 '문제 해결' 의 작전계획을 짰습니다.

"아무래도 우리들의 힘만으로는 어렵겠다."

"아빠의 도움을 약간만 받으면 어떨까?"

엄마는 아침 6시면 일어나십니다. 아빠와 남매가 늦지 않게 집을 나설 수 있도록 준비하자면 늦잠을 잘 수가 없습니다. 그런데 엄마는 아침마다 많이 힘들어하십니다.

대개 아빠가 늦게 들어오시니까, 늦게 자고 일찍 일어나려니 그럴 수밖에 없었습니다. 게다가 엄마는 아침잠이 많았습니다. 저녁에는 늦게까지 있어도 졸리지 않은데, 아침에는 깨우지 않으면 내리 주무시는 분입니다. 그래서 자명종 시계에 의지하기도 하지만, 대개는 아빠가 아침운동을 가시면서 엄마를 깨우십니다. 아침잠이 얼마나 깊은지 자명종 시계만으로는 믿을 수가 없기 때문입니다.

남매는 우선 엄마의 아침잠을 이용하기로 했습니다.

집에 돌아오니 엄마는 저녁 반찬거리를 다듬는 중이었습니다. 남매는 거실의 무선 전화기를 들고 빛이 방으로 들어갔습니다. 엄마는 그러는 남매를 힐끔 돌아보면서 물었습니다.

"전화기 들고 둘이서 무슨 꿍꿍이냐?"

"이건 순전히 우리 남매의 사생활이에요."

남매는 방으로 들어가서 문을 잠그고 아빠한테 전화를 걸었습니다.

"어어, 너희들 무슨 일이냐? 뭐 먹고 싶은 게 있나보구나?"

"퇴근길에 사오시면 더욱 좋겠지만, 용건은 그게 아니에요."

"아빠 바쁘다, 이 녀석들아."

"특별한 부탁이 있어요, 아빠."

"바쁘니까 빨랑빨랑 말해라."

“엄마 아빠를 위한 일이라는 것 외에는 말씀 드릴 수가 없어요. 아빠가 저희들을 도와주시는 셈치고, 무조건 저희들의 부탁을 들어주시되, 엄마한테는 절대로 비밀로 해주세요.”

“무조건 너희들의 부탁을 들어주되 엄마한테는 비밀로 해 달라? 그것은 엄마 아빠를 위한 일이니 그 까닭을 알려고 하지 말라? 흥미롭군. 좋다!”

“내일 아침에 운동하러 가실 때 엄마를 깨우지 말아주세요.”

“그건 안 된다! 아빠는 지금까지 단 한 번도 회사를 쉬거나 지각해 본 적이 없다. 너희들 역시 휴일도 아닌데 지각하고 싶진 않을 텐데?”

“그건 걱정 안하셔도 돼요!”

“그래? 그러니까 아빠가 내일 아침에 운동을 나갈 때, 자명종 시계도 잠재우고 엄마를 깨우지 않고 조용히 나가달라는 말이지? 그 대신 아빠가 운동을 마치고 집에 돌아오면 모든 문제는 해결되어 있는 거지?”

“우리 남매만 굳게 믿으세요!”

다음 날 아침, 작전은 계획대로 진행되었습니다. 덕분에 엄마는 7시가 넘어서야 잠을 깨셨습니다. 엄마는 머리맡의 시계를 보자마자 정신없이 허둥대셨습니다.

“어머나, 7시가 넘었네? 아니, 자명종은 왜 울리지 않고 이 양

반은 왜 깨우지 않았지? 자명종 소리도 깨우는 소리도 모르고 잤나? 얘들아! 빛이야, 일어나라! 철이야, 늦었다! 얘들아, 어서 일어나…. 어머나, 너희들?"

방문을 박차고 나오던 엄마는 우뚝 멈춰서고 말았습니다.

"안녕히 주무셨어요, 엄마?"

"여보, 잘 잤소? 좋은 아침!"

벌써 식탁에 둘러앉은 남매와 아빠는 엄마를 향해 활짝 웃어 보였습니다. 식탁에는 된장찌개를 중심으로 아침 식사가 차려져 있었습니다.

사실 어제 작전을 짤 때까지만 해도 철이는 큰소리 탕탕치는 누나가 의심스러웠습니다. 누나는 그동안 엄마한테 배운 솜씨만으로도 한국인의 기본식탁은 자신 있다는 것이었습니다.

그런데 오늘 아침에 작전이 개시되면서, 머릿수건 쓰고 행주치마 입고 나서는 누나는 영락없는 주부 모습이었습니다. 누나는 철이한테 세탁기 사용방법을 가르쳐주고는, 아빠가 좋아하시는 된장찌개를 끓여 가족의 아침상을 차렸습니다.

"어머나, 빛이야! 네가 아침상을 본 거니?"

"네, 엄마. 철이는 빨래까지 했는걸요?"

빛이가 베란다를 가리키자 엄마는 다시 한 번 놀랐습니다. 그동안 밀린 빨래가 깨끗한 상태로 널려 있었습니다. 남매가 아침

일찍 일어나서 아침식사 준비를 하고, 빨래와 간단한 청소까지 해낸 것입니다.

아빠가 벌어진 입을 다물 줄 모르는 엄마의 손을 잡아 식탁으로 이끌었습니다. 엄마 아빠는 신통방통해 죽겠다는 표정으로 된장찌개 맛부터 보셨습니다. 엄마는 깜짝 놀랐다는 듯이 빛이를 돌아보셨습니다.

"놀랍구나, 빛이야. 언제 이런 솜씨를 익혔니?"

"엄마가 평소에 가르쳐주신 대로 한 거예요."

사실 엄마 아빠는 아직 남매가 왜 이런 일을 벌였는지 몰랐습니다. 막연하게 부모님을 기쁘게 해주려고 그랬나보다 생각하다가, 혹시 얘들이 특별용돈을 타내려고 이랬나 하는 생각도 들었습니다.

엄마는 문득 아빠를 의심스런 눈초리로 돌아보셨습니다.

"당신도 얘들과 공범이죠? 일부러 자명종 시계를 잠재우고, 아침 운동 나가시면서 나를 깨우지 않은 거죠?"

"하하, 얘들이 무슨 계획이 있다면서 신신당부를 하는 바람에…."

빛이가 엄마 곁으로 의자를 바싹 당겨 앉으면서 입을 열었습니다.

"엄마, 이건 우리 남매가 두 분께 드리는 선물이에요."

"선물이라니? 그게 무슨 소리냐?"

"어떠세요, 엄마? 이만하면 우리끼리 하루 이틀 정도는 살 수 있겠죠?"

"그렇겠구나. 그런데 그게 선물과 무슨 상관이냐?"

철이가 더 이상 참을 수 없다는 듯이 불쑥 나섰습니다.

"오늘은 금요일이니까 저희들이 학교에 다녀오는 동안 아빠는 자동차 정비를 해놓으세요. 엄마는 미용실에 다녀오셔서 여행 준비를 하시고요."

엄마 아빠는 깜짝 놀란 얼굴로 남매를 쳐다보셨습니다. 빛이가 어른스런 표정으로 말을 이었습니다.

"엄마 아빠, 저희들과 집은 걱정 마시고 오랜만에 두 분만의 오붓한 여행을 즐기고 오세요. 우리 남매가 두 분께 드리는 결혼 15주년 선물입니다."

"아니, 너희들?"

엄마와 아빠는 서로 쳐다보면서 한동안 멍해지셨습니다.

그러더니 숟갈을 내려놓고 남매를 끌어안으셨습니다. 빛이는 엄마 품에 안기면서 두 눈에서 반짝이는 눈물을 보았고, 철이는 오랜만에 아빠의 힘찬 포옹에서 믿음직한 사랑을 느꼈습니다.

"고맙다, 얘들아!"

"고맙기는요, 남들은 효도관광도 보내드린다는데."

“효도관광이야 다 큰 자식들이 하는 일이지, 이놈들아.”

드디어 엄마 아빠는 오후에 15년 동안 미뤄온 여행을 떠나셨습니다.

“문단속 잘하고, 아무나 벌컥벌컥 문 열어주면 안 된다.

가스레인지 사용할 때는 불조심하고, 잘 때는 가스 잠그고 텔레비전이랑 전깃불 끄는 것 잊지 말아라. 설거지할 때 세제를 너무 많이 쓰면 안 된다. 물이 오염되고…, 아니다.

설거지랑 빨래는 그냥 모아둬라. 엄마가 다녀와서 하면 되니까. 밥은 보온밥통에 충분히 있으니까… 아니, 여보! 돈을 좀 더 줍시다. 중국집이나 피자집에 시켜 먹게요. 그리고 왠만하면 외할머니한테 도와달라고 하지 마. 괜히 걱정되어 쫓아오실라….”

떠나는 순간까지도 엄마는 걱정과 잔소리였습니다. 견디다 못한 아빠가 엄마의 등을 떠밀어 차에 태우셨습니다. 빛이가 아빠를 재촉했습니다.

“아빠, 엄마 잔소리가 벌써 다섯 번째예요. 저희들 귀에 딱지 앉기 전에 어서 출발하세요!”

“오냐, 애들아! 너희들만 믿고 다녀오마!”

이윽고 엄마 아빠가 탄 차는 아파트 단지를 빠져나갔습니다.

“만세! 해방이다, 해방!”

바람처럼 집으로 달려 들어온 남매는 만세를 부르며 겅중겅중 뛰었습니다. 작전을 성공적으로 끝낸 성취감, 잔소리로 부터의 해방감이 가슴을 들뜨게 했습니다. 선물을 받은 쪽은 부모님이 아니라 남매 같았습니다.

남매는 마음껏 게으름 피우면서 금요일 오후를 즐겼습니다. 저녁을 먹은 뒤에는 소파에 몸을 비스듬히 눕힌 채 느긋하게 텔레비전을 보았습니다.

"설거지는 내일 아침에 하지, 뭐."

"그러지 뭐, 바쁠 거 있어? 히히…."

바로 그때 전화벨이 요란하게 울렸습니다.

"엄마다! 별일 없지? 문단속 잘했고? 자기 전에 전기랑 가스랑 수도 단속 잘해야 한다. 아참, 저녁은 먹었니? 혹시 식탁에 그대로 늘어놓고 텔레비전 보는 것 아니니? 설거지는 나 중에 하더라도 그릇들은 물에 담가둬야 한다. 그리고….”

엄마는 수화기를 든 빛이가 미처 대답할 겨를도 주지 않았습니다.

“너희들 아직 씻지도 않았지? 9시가 다 되었으니까 얼른얼른 이 닦고 세수하고 일찍 자거라. 어어… 어머나! 이이가 왜 이래요?”

아마도 아빠가 수화기를 빼앗는 모양이었습니다.

“빛이야, 철이야! 엄마 아빠는 너희들 덕분에 즐거운 시간을 보내는 중이다. 너희들도 모처럼 엄마 아빠 없는 집에서 실컷 게으름 피우고 수다도 떨고 장난도 하고…. 어어? 당신 왜 이래?”

빛이는 예의는 아니지만 얼른 수화기를 내려놓았습니다. 안그랬다가는 밤새 엄마의 잔소리를 들어야 할지 모른다는 위기감이 들었기 때문입니다.

◐ 대화 속에 숨은 비밀 1%

대화할 때 긍정적인 생각은 참 중요합니다. 예를 들어, 음료수가 반쯤 남은 컵을 긍정적인 사람 이 보면 "아직도 컵에 음료수가 반이나 남았네!" 라고 좋아하고, 반대 로 부정적인 사람은 "에게! 음료수가 반밖에 남지 않았네?" 라고 실 망합니다. 긍정적으로 생각하느냐 부정적으로 생각하느냐에 따라 분 위기와 느낌이 전혀 달라지지요?

또한 대화에는 상대의 단점을 장점으로 봐주는 것도 중요합니다. 단점도 보는 각도에 따라 얼마든지 장점이 될 수 있거든요. 예를 들어볼까요?

부반장 철이의 행동을 엄마는 단점으로 보고 꾸짖었지만, 선생님은 그것을 장점으로 보고 격려해줬잖아요? 또 철이는 반장의 행동을 단점으로 봤지만, 나중에 반장의 얘기를 듣고 보니 단점이 장점으로 바뀌었지요?

발표나 자기주장을 잘 못하고 남의 의견만 따르는 친구를 우리는 소심하다고 합니다. 하지만 소심한 성격도 다른 각도로 보면, 친구들과 다투거나 말썽을 일으키지 않는 장점이 됩니다. 또 괜히 걱정이 많고 불안을 잘 느끼는 아이를 우리는 겁쟁이라고 합니다. 그러나 그런 성격은 모든 일을 미리 철저하게 준비하는 장점이 되기도 합니다.

친구의 단점 뒤에 숨어 있는 장점을 찾아 칭찬하고 격려해주세요. 친구는 자신의 단점을 효과적으로 고치면서, 덤으로 자신감까지 얻게 될 것입니다.

한 부모 아이들

사랑방 샘과 동병상련 클럽

아침부터 오락가락하던 비가 오후 들면서 본격적으로 내리기 시작했습니다. 수업을 마친 아이들이 집으로 돌아갈 무렵에는 거센 빗줄기가 운동장을 두들겼습니다.

학교 건물 중앙 출입구 한쪽 계단에 우산 셋이 이마를 맞대고 있었습니다. 빨강우산, 노랑우산, 회색우산이 계단에 닿을 듯이 앉아 뭔가 두런거리는 중이었습니다.

노랑우산이 운동장처럼 젖은 목소리로 말했습니다.

"아빠가 하늘나라로 가신 날도 이렇게 비가 많이 쏟아졌어. 아빠 차를 타고 시골 할머니 댁에 다녀오던 길이었는데, 잠에서 깨어보니 병원이었어. 머리를 붕대로 칭칭 동여맨 엄마가 나를 내려다보면서 울고 계셨어. 근데 있잖아, …엄마랑 난 아빠만 하늘나라로 보낸 채 집으로 돌아왔어. 오늘처럼 쏟아지는 비를 맞으면서…."

노랑우산은 끝내 흐느껴 울기 시작했습니다.

빨강우산이 노랑우산 쪽으로 약간 기울어지면서 물었습니다.

"그날… 엄마랑 집에 들어서는데, 우리 집이 시커멓고 텅 빈 동굴처럼 허전하고 무서운 거야. 그렇게 편안하고 따뜻하던 우리 집이…. 엄마랑 난 부둥켜안고 엉엉 울었어. 오늘도 집에 가면 그때처럼 아빠가 못 견디게 보고 싶을 것 같아…."

회색우산이 노랑우산 쪽으로 기울어지면서 말했습니다.

"너무 슬퍼하지 마. 그래도 너는 집에 가면 엄마가 반겨주시잖아. 난 1학년 때… 아침에 일어나니까 엄마가 떠난 뒤였는데, 아직 엄마 얼굴을 한 번도 못 봤어. 꿈에서라도 보고 싶은데… 엄만 나를 잊으셨나봐. 난… 엄마가 많이많이 보고 싶은데…. 엄마가 보고 싶다고 하면 아빠는 술만 드시고, 할머니 할아버지는 엄마를 나무라면서 마구 화를 내시니…."

빨강우산이 회색우산과 노랑우산을 툭툭 치면서 말했습니다.

"난 가끔은 아빠도 만나지만, 우리 엄마가 불쌍해. 집안일에 오빠랑 내 뒷바라지를 하면서, 직장까지 다니시잖아. 일요일에는 피곤하다면서 하루 종일 잠만 주무시는 거야. 그런데도 난 엄마를 도와드릴 생각은 안하고, 걸핏하면 새 옷이랑 맛있는 걸사 달라고 조르고, 짜증이나 내고 그래. 우리 엄마도 이렇게 비 오는 날에는 유난히 우울해하시는데…."

그때 사랑방 선생님이 학교를 나서다 말고 흠칫 놀랐습니다.

운동장을 뽀얗게 두들겨대는 빗줄기를 보면서 우산을 펼치려다가, 계단 옆에 옹기종기 모여 있는 우산 셋을 발견했습니다. 누군가 하여 들여다보다가, 우산 밑에서 두런두런 올라오는 말소리를 듣게 된 것입니다.

지금 돌아가신 아빠를 회상하는 노랑우산은 그 목소리로 미뤄 3학년 다미가 틀림없었습니다. 사랑방은 이 학교 학생이라면 누구라도 찾아와 고민을 털어놓는 상담실입니다. 그래서 학생들은 상담을 해주시는 선생님을 '사랑방 샘' 이라고 불렀습니다.

아이들은 아직도 선생님이 뒤에 서 계신 사실을 몰랐습니다.

"아빠는 엄마랑 이혼한 뒤로 무척 힘들어하셨어. 학교 다니기 전이라 그땐 몰랐는데, 지금 생각하니까 아빠가 엄마의 역할까지 감당하기가 버거우셨던 것 같아."

"그래서 할머니 할아버지가 사시는 집으로 들어갔구나?"

회색우산 말에 빨강우산이 맞장구를 쳤습니다. 선생님은 목소리만으로도 회색우산이 설희고 빨강우산이 주영이라는 것을 알았습니다.

“아빠는 힘들 때마다 술을 마셨어. 내가 왜 자꾸 술을 마시냐니까, 술을 마시면 괴롭고 슬픈 마음이 사라진다는 거야.”

“우리 엄마도 가끔 술을 마시고 들어오셔. 회사 사람들이랑 저녁식사하면서 몇 잔 마셨다고 하시지만, 엄마한테서 풍기는 술 냄새는 왠지 나를 슬프게 해. 그래서 괜히 술 마시지 말라고 짜증을 부리게 되지 뭐야.”

“우리도 한번 마셔볼까?”

“진짜로 슬픔과 괴로움이 사라질까?”

“난 무서워! 그러다 어른들한테 들키면 어쩌려고….”

술이라니! 사랑방 선생님은 더 이상 기다릴 수가 없었습니다. 그래서 살금살금 뒷걸음질을 쳐서 출입문 안으로 들어갔습니다. 그리고는 일부러 발자국 소리를 저벅저벅 내면서 다시 밖으로 나오다가 세 우산을 향해 물었습니다.

“너희들 혹시 동병상련 클럽 아니냐?”

“앗, 사랑방 샘이다!”

동병상련 클럽은 사랑방 단골손님들입니다. 그 애들은 사랑방에도 함께 오곤 했습니다. 그래서 이젠 서로의 목소리만으로도 상대를 알아보게 된 것입니다.

처음 사랑방에서 만났을 때 선생님이 물었습니다.

"너희들은 고민 상담도 함께 하니?"

"네! 우린 동병상련 클럽이거든요."

"동병상련 클럽? 그게 뭔데?"

"사랑방 샘은 어려운 처지에 있는 사람끼리 서로 가엾게 여기는 동병상련(同病相憐)이라는 말도 모르세요?"

"알지, 동병상련! 하지만 세 아가씨의 어려운 처지가 궁금해서 말이야."

"우린 똑같이 한 부모 가족이거든요. 설희는 부모님이 이혼하신 뒤로 아빠랑 할머니 댁에서 살고, 주영이는 역시 엄마 아빠 가 이혼한 뒤로 직장에 다니시는 엄마랑 살아요. 그리고 전 아빠가 돌아가셔서 엄마랑 살고요. 그래서 우린 뭉쳤어요."

다미의 주장을 들은 선생님은 두 눈을 동그랗게 뜨셨습니다.

"서로 의지하고 힘이 되어주기 위해 뭉쳤단 말이지? 그건 좋은 일인데, 서로 굳게 뭉쳐서 뭘 어쩌려고?"

"우린 부모님 가운데 어느 한쪽이 안 계시잖아요? 다른 애들과 비교하면 부모님과의 대화도 반쪽, 부모님의 사랑도 반쪽인 셈이거든요. 대화도 부족하고 사랑도 모자라니까 우린 항상 가슴이 허전하고 목이 말라요. 서로의 갈증을 풀어주면서, 혹시 우리가 한 부모 자녀라고 따돌리거나 놀리는 사람이 있으면 강력하게 대응할 거예요."

"야아, 그것 참 좋은 클럽인데? 자신과 처지가 비슷한 사람들끼리 대화를 나누고, 공통된 어려움이나 문제를 함께 풀어나가는 것은 아주 훌륭한 방법이거든. 앞으로 사랑방에 자주 들리도록 해라. 선생님도 너희들의 빈 가슴을 채워주고 갈증을 시원하게 풀어주도록 최선의 노력을 다하마."

그날 이후 동병상련 클럽은 수시로 사랑방에 드나들었습니다. 그리고 학교 전체에 소문도 짜하니 났습니다. 더불어 제2, 제 3의 동병상련 클럽이 속속 생겼습니다. 뚱뚱한 아이들끼리 모여서 비만을 해결하기 위해 노력한다거나, 여학생들의 폭력에 대항하기 위해 남학생들이 뭉친다거나….

동병상련 클럽 아이들은 처음부터 무척 밝고 명랑했습니다. 부모가 이혼을 했거나 한쪽이 먼저 세상을 떠나서, 엄마나 아빠 와 생활하는 가족이 '한 부모 가족' 입니다. 그렇지만 동병상련 클럽 아이들은 어두운 구석이 전혀 없었습니다. 선생님은 그것 이 동병상련 클럽 덕분인 줄만 알았습니다.

상담을 할 때도 속내를 주저 없이 털어놓았고, 사랑방 선생님이 상담을 해주는 동안에도 서로 끼어들어 위로해 주기까지 했습니다. 동병상련이 아주 잘 되고 있는 친구들 같았습니다.

그러던 동병상련 클럽이 쏟아지는 빗줄기 앞에서 흔들리는 것일까요? 선생님은 그 걱정이 앞섰던 것입니다.

노랑우산 다미네 아빠가 교통사고로 돌아가셨다는 사실은 상담을 통해 알았지만, 아빠를 하늘나라로 보내고 엄마와 둘이서

만 집에 돌아왔을 때의 슬픔은 이날 처음 들었습니다. 회색우산 설희네 아빠가 이혼한 뒤로 엄마의 빈자리 때문에 힘들어했다는 사실도 이제야 알았습니다.

'그렇다면 이 아이들이 사랑방에서 보여준 밝고 명랑한 모습은 슬픈 속내를 감추기 위해서였을까? 뻔질나게 사랑방을 드나든 것도 웃음 속에 감춘 슬픔을 위로받기 위한 것이었을까?'

어쨌거나 동병상련 클럽은 사랑방 선생님의 갑작스런 등장에 깜짝 놀랐습니다. 우산 세 개가 동시에 젖혀지면서 눈자위가 촉촉해진 세 아이의 얼굴이 드러났습니다.

"사랑방 샘, 미워요. 몰래 우리 얘기를 다 들으셨죠?"

"아, 아냐! 지금 막 나오다 너희들을 발견한 거야."

"근데 어떻게 우리가 동병상련 클럽인 줄 아셨어요?"

"응? 그, 그야… 그, 그래! 빨강우산, 노랑우산, 회색우산을 보는 순간 동병상련 클럽이라는 걸 척 알겠던데, 뭘…."

"이상하다? 우리가 사랑방에 다니면서 우산을 썼었나?"

"학교 건물에서 우산 쓰고 다니는 사람도 있니?"

동병상련 클럽은 점점 빨개지는 선생님의 얼굴을 보면서 따지고 들었습니다. 결국 말문이 막힌 사랑방 선생님은 허겁지겁 우산을 펼쳐들면서 빗속으로 달아났습니다.

"너희들은 나중에 올래? 선생님은 속이 헛헛해서 분식집에라도 가야겠다."

"우우~ 사랑방 샘은 둘러대기 선수! 우리도 데려가주세요!"

사랑방 선생님한테 매달리는 세 아이 얼굴은 어느새 환하게 밝아져 있었습니다. 빨강우산, 노랑우산, 회색우산은 커다랗고 까만 우산을 에워싸고 학교를 나섰습니다.

"미안하다, 얘들아. 사실은 학교 건물을 나서다가 우연히 너희들의 얘기를 다 듣고 말았다. 하지만 일부러 그런 건 아니야. 정말로 본의 아니게 그렇게 된 거라고."

세 아이를 데리고 학교 앞 분식집에 들어간 사랑방 선생님은 결국 실토하고 말았습니다. 그러자 동병상련 클럽은 주인 아주머니를 부르더니 만두에 김밥에 떡볶이에 어묵까지 푸짐 하게 시켰습니다.

"주문한 걸 다 사주면 용서해줄 거니?"

"한 가지 더 있어요."

"칼만 안 들었지 날강도와 다를 게 없구나, 너희들?"

"이건 돈 안 드는 건데요?"

"그래? 그럼 어디 말해봐라."

"사랑방 샘께서 우리 동병상련 클럽의 고문이 되어주세요."

"고문? 오늘처럼 날마다 나를 고문하려고?"

"그게 아니라, 우린 엄마나 아빠가 안 계시는 아이들이잖아요? 그러니까 사랑방 샘이 아빠가 없는 아이한테는 아빠가 되어주시고, 엄마가 없는 아이한테는 엄마가 되어주셨으면 좋겠다는 뜻이에요."

"그런 깊은 생각을 지금 이 자리에서 한 거냐?"

"사실은 오래 전부터 우리 셋이 의견을 모은 거예요. 허락해 주세요, 사랑방 샘~. 제발요…. 네?"

사랑방 선생님은 세 아이의 초롱초롱한 눈망울을 이윽히 들여다보다가 빙그레 미소 지었습니다. 그리고는 허리를 세우 면서 선언하듯이 말했습니다.

"선생님도 조건이 있다. 그 조건을 들어주지 않으면 선생님도 싫다!"

"조건이… 뭔데요? 설마 올백을 요구하시는 건 아니죠?"

"선생님이 말했지? 공부는 올백이 최종 목적이 아니라고. 중요한 것은 최선을 다하는 노력이야."

"아이 참, 고문이 되어주시는 조건이 뭐냐고요!"

"응? 아참, 그건 말이야. 선생님 부부가 함께 동병상련 클럽 고문이 되어야 한다는 거야. 선생님이 아빠 역할은 자신 있는데, 엄마 역할은 아무래도 힘들 것 같거든."

세 아이는 입을 모아 소리쳤습니다.

"좋아요! 역시 사랑방 샘이 짱이야!"

◐ 대화 속에 숨은 비밀 1%

주변을 한번 둘러보세요. 엄마 아빠가 이혼을 해서 어느 한쪽 부모와 살거나, 엄마 아빠와 헤어져서 할머니 할아버지와 사는 친구들이 의외로 많을 거예요. 여러분도 그 가운데 한 사람일 수도 있고요.

엄마 아빠와 함께 사는 사람은 한 부모 가족이 된 친구들의 속내를 이해하기 어려울 거예요. 그렇다고 해서 그들을 서먹서먹하게 대하거나, 반대로 특별한 대접을 하려고 애쓸 필요는 없어요. 혹여나 그들을 따돌리거나 놀리는 일은 손가락질 받을 만한, 아주 잘못된 행동이고요.

우리가 할 일은 아무런 차별 두지 말고 편하게 대해주는 겁니다. 다른 친구들과 똑같이 관심을 갖고 친절하게 대한다면, 그 친구들은 외로움과 슬픔을 스스로 이겨내고 힘차게 살아나갈 거예요.

만일 자신이 한 부모 가족이 되었더라도 위축되거나 좌절해서는 안 됩니다. 동병상련 클럽 아이들처럼 친구들과 활기차게 지내고, 어려운 일은 선생님이나 집안 어른들과 의논하도록 하세요.

크게 심호흡을 한 번 하고, 가슴을 활짝 펴는 겁니다. 처음부터 자신 있는 사람은 없습니다. 나의 일을 누가 해주기를 기다려서도 안 됩니다. 포기하면 모든 것이 그대로 끝나지만, 맞서서 최선을 다하다 보면 해결되지 않는 일은 없거든요.

인기짱 대화의 비밀

이렇게 대화하면 누구나 친구부자가 된다.

1. 친구의 말을 잘 듣고, 그 말에 반응을 보여준다.

"우와, 그랬어? 대단하구나!" "저런, 실망이 컸겠구나?" "야아, 잘 됐다!" "하하! 그래서 어떻게 됐니?" 등등 그때그때 반응을 보이면, 말하는 사람도 신이 나고, 대화는 물 흐르듯이 이어질 것입니다.

2. 친구의 말을 이해하려고 노력하고, 관심을 갖고 듣는다.

친구가 말을 하는 동안 딴 생각을 하거나, 다른 곳을 힐끔거리거나, 엉뚱한 몸짓을 하는 등의 행동은 예의에 어긋납니다. 친구에게 관심을 집중하고 말을 들으면서, 그의 말을 이해하려고 노력해야 합니다.

3. 친구의 말이 가치가 있음을 인정해준다.

"네 말을 듣고 보니 내 생각도 달라지는구나." "그래, 맞아! 내가 왜 미처 그 생각을 못했을까?" "오늘 네 말은 나한테 중대한 깨우침을 주었어." 등등 친구와 그의 말에 대한 가치를 인정해주세요.

4. 친구를 격려해주고, 항상 긍정적으로 말한다.

"매일 아침 수업 전에 짧은 동화 한 편씩을 읽는다고? 그것 좋은 방법인데? 그러면 다들 떠들지도 않고, 책을 읽는 습관도 들이게 될 거야." 등등 친구의 말을 격려해주고, 긍정적인 대답이나 맞장구를 쳐줍니다.

5. 친구의 비밀을 가볍게 퍼뜨리지 않는다.

친구와의 대화를 통해서 알게 된 비밀이라든가 사적인 문제 등을 다른 사람에게 가볍게 전해서는 안 됩니다. 말은 이 사람 저 사람 건너다니면 걷잡을 수 없이 불어나면서 엉뚱한 소문으로 발전되거든요. 친구의 사생활이나 비밀을 보호해주지 못한다면, 그는 두 번 다시 대화를 하지 않을 것입니다.

6. 자신의 감정과 느낌, 혹은 마음의 상처를 표현한다.

친구와의 대화에서 느끼는 감정이라든가 생각을 그때그때 전달해주세요. 혹시 마음의 상처를 입었다면 솔직히 얘기하여 친구를 깨우쳐줘야 합니다. 서로의 가슴에 쌓이는 앙금 없이, 솔직하고 속 시원한 대화가 될 것입니다.

7. 친구의 말을 멋대로 넘겨짚지 말아야 한다.

친구의 말은 친구의 방식대로 들어야 합니다. 친구의 입장에서 들어야 그 말을 제대로 이해할 수 있거든요. 반대로 자신의 방식대로 해석한다거나, 자신의 마음대로 판단하면 오해가 생기거나 의사소통이 이뤄지지 않는답니다.

8. 친구의 말을 잘 듣고 있음을 보여준다.

친구가 말을 하는 동안 그의 얼굴에서 시선을 돌리지 마세요. 궁금하거나 잘못 들은 내용은 즉시 질문을 하고, 오래 기억하기 힘든 내용은 메모를 하고요. 그리고 친구의 대화 내용에 감사하는 일도 잊어서는 안 됩니다.

친구 사귀기

우리 반 친구 부자

빛이네 반 효는 '친구 부자' 로 소문났습니다.

효는 공부도 보통 수준이고, 집이 부자인 것도 아니어서 옷을 잘 입지도 못했습니다. 어려서부터 검도를 열심히 한 것 말고는 특기도 개인기도 별로 없습니다. 다만, 다른 아이들보다 조금 더 큰 키와 귀염성 있는 얼굴은 내세울만합니다. 하지만 그것도 내놓고 자랑할 만한 정도는 아닙니다.

그런데 효의 주변에는 늘 아이들이 모여듭니다. 한 번 가까워진 사람은 학년이 올라가 반이 바뀌어도 계속 그 애의 주위를 맴돕니다. '동네 친구들' 이거나 '유치원 때 친구들' 이거나 '몇 학 년 때 친구들' 입니다.

그 애는 또 새 학년이 되어 낯선 사람을 만나도 얼마 지나지 않아 가까워집니다. 물론 그렇다고 해서 모든 아이들이 그 애와 친한 것은 아닙니다. 그렇지만 서로 친하지 않은 아이들도 딱히 그 애를 싫어하거나 미워하지 않습니다. 그 애들도 서로 마주치면 그냥 지나치지 않고 눈인사 정도는 합니다.

언젠가 효는 이런 이야기를 했습니다.

"유치원에 들어가기 전에는 동네 놀이터에서, 유치원에 들어간 뒤에는 유치원 놀이터에서 내가 탈 그네는 늘 확보된 상태였어. 동네 놀이터에서는 내가 집에서 나가기 전에 누군가가 그네 하나를 잡아 놓고 기다렸고, 유치원 때도 쉬는 시간에 나가면 누가 벌써 나와서 그네를 잡아 놓는 거야."

어려서부터 주변 아이들한테 인기가 꽤 좋았다는 얘깁니다.

"도대체 비결이 뭐야?"

"일부러 뭘 어떻게 하진 않아. 다만, 난 어려서부터 지금까지 누구를 무시해본 적이 없어. 누가 나한테 말할 때는 중간에서 끊어본 적이 없고, 친구의 말이 끝날 때까지 진지하게 들어줘. 친구의 아주 작은 장점이나 사소한 특기라도 호감을 갖고 칭찬해줘. 어려운 일이 있으면 최선을 다해서 도와주려고 노력해. 어려서부터 그렇게 하다보니까 지금은 그냥 저절로 되더라고. 그러다 보니까 다른 아이들도 다들 나한테 그렇게 해주는 거야."

"어휴, 너 애어른 아냐? 꼭 우리 아빠가 말하는 것 같다고."

그런 아이였지만, 효는 5학년이 된 직후 한 번 위기에 빠지기도 했습니다. 두 파로 나뉜 반 친구들한테 양쪽으로 왕따를 당하게 된 겁니다.

그때 빛이네 반은 엑스(X)파와 오(O)파로 나뉘었습니다. 먼저 엑스파가 만들어졌습니다.

"우리 엑스파는 선생님 눈 밖에 난 아이들이야. 공부도 못하고 잘 나가지도 못하는 아이들이라 선생님이 미워하시는 거야. 우린 뭉쳐야 해. 그래서 선생님이 예뻐하시는 저 공부 잘하고 잘 나가는 오파와 맞서야 한다고."

엑스파가 만들어지자, 거기에 들지 못한 아이들은 자연스럽게 오파가 되었습니다. 오파는 자신들의 뜻대로 만들어진 파벌이 아니기 때문에 몰려다니지도 않았고, 엑스파에 대응할 준비를 하지도 않았습니다.

엑스파는 자기들이 선생님께 왕따를 당한다고 했지만, 그것은 그들이 오파를 철저히 따돌리기 위해 만든 구실에 불과했습니다. 그들은 무심코 걸어가는 오파의 다리를 걸어 넘어뜨리거나, 오파의 뒤에 한 아이가 엎드리면 앞에 있던 아이가 뒤로 밀어 넘어뜨리고 깔깔대며 신나했습니다.

오파의 아이들은 필통 속의 학용품이나 준비물 등을 심심치 않게 잃어버렸습니다. 거의 엑스파들의 짓이라는 걸 알았지만, 어떤 보복을 해올지 몰라 입을 다물기 마련이었습니다.

아무도 제지하는 사람이 없으니 엑스파의 기세는 날이 갈수록 드높아졌습니다. 심지어 엑스파의 한 아이가 기분이 나쁘다면서, 쉬는 시간을 이용하여 남자 오파는 머리를 쥐어박고 여자 오파는 머리카락을 잡아당기기도 했습니다. 하지만 아무도 저항하지 못하고 당하기만 했습니다.

엑스파는 처음에 효를 오파로 점찍어 버렸습니다. 그러나 효는 별로 신경 쓰지도 않았습니다. 여전히 그 애의 주변에는 이 교실 저 교실에서 모여드는 아이들로 북적였습니다. 그런 형편이니 엑스파한테 효는 상당히 껄끄러운 존재였습니다.

그러던 어느 날, 창이가 효를 건드는 사건이 일어났습니다.

엑스파 가운데 창이는 체격도 작고 싸움도 잘 못하는 아이였습니다. 하지만 엑스파가 된 뒤로는 반에서 가장 악명을 떨치는 아이가 되었습니다. 엑스파 세력을 등에 업고 오파 아이들을 괴롭히는 일에 빠져든 것입니다.

창이는 효보다 머리 하나는 작은 체격이었습니다. 그런데 쉬는 시간에 오파 아이들을 괴롭히다가 효 자리에까지 오게 된 것입니다.

엑스파를 움직이는 몇몇 아이들은 효를 꺼려했지만, 그걸 모르는 창이는 거침없이 효의 뒤통수를 쥐어박았습니다. 창이는 효가 어른이든 아이든 자신의 머리를 건드리는 사람을 가장 싫어한다는 사실도 몰랐습니다.

"앗, 누가 내 머리를 때리는 거야?"

친구한테 빌린 만화책을 신나게 읽고 있던 효는 머리를 번쩍 치켜들었습니다. 뜻밖에도 벌떡 일어서는 효의 눈빛은 분노로 이글거리는 듯했습니다.

효는 들고 있던 만화책을 책상 위에 조용히 내려놓으면서 창이를 노려보았습니다. 그 서슬에 당당하던 창이가 흠칫 당황하는 표정이 역력했습니다.

"난 뒷배에 기대어 남을 괴롭히는 너 같은 겁쟁이가 제일 싫어!"

다음 순간 창이의 몸이 공중으로 동동 떠올랐습니다. 효가 그 애의 멱살을 잡고 쳐들어 올린 것입니다.

"어어? 이, 이거 놔…."

조금 전까지 오파 아이들을 괴롭히면서 재미있어하던 모습은 어디에서도 찾아볼 수 없었습니다. 창이는 두 발을 버둥거리면서 엑스파 아이들을 힐끔거리다가, 어떻게 손을 써볼 틈도 없이 교실 바닥에 나뒹굴고 말았습니다. 그를 쳐들고 있던 효가 내동댕이치듯 놓아버린 것입니다.

"우리 아빠도 건들지 않는 내 머리를 감히 쥐어박아?"

효는 끓어오르는 화를 억누르느라 가슴을 들먹거리면서 창이를 노려봤습니다. 교실 안은 쥐 죽은 듯이 조용해졌습니다. 엑스파도 오파도 아직 그처럼 무섭게 화를 내는 효를 본 적이 없었습니다.

창이가 버려진 휴지처럼 되어버리자, 그걸 본 엑스파가 일제히 일어났습니다. 엑스파 중에는 효보다 덩치가 큰 아이도 있었고,

싸움이라면 학교 안에서 다섯 손가락 안에 든다는 아이도 있었습니다.

오파 아이들은 가슴이 철렁 내려앉았습니다. 드디어 올 것이 왔나 보다 했습니다. 그러나 바로 그때 효가 엑스파를 노려보며 내뱉은 선언에 모든 상황은 깨끗이 정리되어 버렸습니다.

"분명히 말해두는데, 엑스파고 오파고 난 관심 없어. 난 우리 반 누구와도 친구로 지내고 싶어. 내가 싫은 사람은 나한테 다가오지 않으면 그만이야. 다만, 누구든 이유 없이 날 건드리면 그땐 가만 안 둘 거야."

말을 마친 효는 교실 안을 한 바퀴 휘둘러보고는 제 자리에 앉았습니다. 그리고 아무 일도 없었다는 듯이 다시 만화를 보 기

시작했습니다. 그 기세에 눌린 엑스파도 더 이상의 행동을 보이지 않고 하나 둘 자리에 앉았습니다.

창이는 이후 두 번 다시 아이들을 괴롭히지 못했습니다. 엑스파가 모른 척하면서 왕따 시켰기 때문입니다. 이제 창이는 엑스파와 어울리지도 못했고, 그렇다고 오파 아이들과 어울릴 면목도 없었습니다. 철저히 외톨이가 되었지만, 창이를 안됐다고 생각하는 사람은 아무도 없었습니다.

엑스파는 한동안 효를 끌어들이려고 많은 노력을 했습니다. 효는 엑스파가 말을 걸어오면 아무렇지도 않게 대응했습니다. 같이 어울리자고 하면 나쁘지 않은 일이면 그들과 함께 했습니다. 그래서 오파 아이들은 효가 엑스파가 되었다고 오해하기도 했습니다.

효의 그러한 행동은 엑스파나 오파나 가리지 않고 똑같았 습니다. 엑스파도 처음에는 효가 자기들과 어울리는 줄 알았지만, 오파와도 똑같이 어울린다는 사실을 알고는 맥이 빠졌 습니다.

"너 비겁하게 양다리 걸치는 것 아냐?"

엑스파가 노골적으로 효한테 물었습니다.

"엑스파든 오파든 파벌 따위에는 관심 없다고 했지? 그 대신 난 친구는 좋아해. 날 친구로 사귀고 싶거든 엑스파라는 말은 하지 말란 말이야."

하루는 오파도 효한테 불만스런 말을 했습니다.

“요즘 엑스파가 우리들을 덜 괴롭히는 건 순전히 네가 버티고 있기 때문이라고 생각해. 그런데 네가 엑스파랑 어울리는 걸 보면, 다시 그 애들이 우리들을 괴롭힐까 걱정된단 말이야.”

“난 깡패처럼 패거리를 만들어서 못된 짓거리나 하는 사람은 싫어. 하지만 아무 잘못도 하지 않았으면서 엑스파 앞에서 자기 목소리 한 번 내지 못하는 오파도 싫어. 왠지 알아? 둘 다 비겁하기 때문이야.”

“넌 비겁하지 않단 거야? 양다리 걸치는 주제에.”

“난 양다리 걸치는 게 아니야. 내 목소리를 내는 것뿐이야. 보면서도 모르겠니? 내가 분명한 내 목소리를 내니까 엑스파도 날 건들지 못하잖아. 도대체 너희들은 언제까지 엑스파한테 심심풀이 땅콩처럼 살래?”

“그렇지만… 넌 검도도 하고, 힘도 세지만…, 우린….”

“무슨 일을 이루기 위해서는 무엇보다 자신의 노력이 중요하다고 우리 아빠께서 말씀하셨어. 그냥 그대로 비굴하게 살 것인지, 아니면 용기를 내서 상황을 바꿀 것인지, 그건 전적으로 너희들 의지에 달려 있어.”

“말은 멋지고 옳다고 생각하는데, 어휴…. 하지만 너, 말은 그렇게 해도 우리가 위기에 처하면 도와줄 거지? 그치?”

“말했지? 전적으로 너희들 의지에 달렸다고.”

“알았어!”

그런 뒤로 오파는 조금씩 용기를 내기 시작했습니다. 거칠 것 없던 엑스파의 앞길에 크고 작은 저항이 나타난 것입니다.

물건을 잃어버린 아이는 의심스런 엑스파를 몰래 추적하였습니다. 그리고 결정적인 증거를 잡은 뒤에 따지고 들었습니다.

"이건 며칠 전에 잃어버린 내 볼펜이야. 여기 칼로 내 영문 이름 머리글자를 새겨놓은 게 보이잖아? 당장 내놓지 않으면 선생님께 말씀드릴 거야."

선생님까지 동원된다면 절대적으로 불리한 쪽은 엑스파 였습니다.

오파는 엑스파가 다리를 걸거나 밀쳐서 넘어뜨리면 곧바로 항의했습니다.

"왜 이유 없이 괴롭히는 거야? 사과하지 않으면 가만있지 않을 거야!"

"겁쟁이 오파 주제에 가만있지 않으면 어쩔 건데?"

엑스파가 우격다짐으로 나오려고 하면 효가 거들어주었습니다.

"약자를 깔보고 괴롭히는 사람이 진짜 겁쟁이 아닐까?"

효가 이렇게 한마디 하면 엑스파는 비 맞은 재처럼 수그러들곤 했습니다. 효의 뒤에는 똘똘 뭉치기 시작한 오파가 버티고 있었기 때문입니다.

효가 다니는 검도도장 관장님은 세력을 믿고 나대는 사람들은 뒷심(어떤 일을 끝까지 견디어 내거나 끌고 나가는 힘)이 약하다고 말했습니다. 뭉치는 힘도 약해서 저항하는 힘 앞에는 쉽사리 흩어지고 만다는 것입니다.

엑스파도 그랬습니다. 효의 깨우침으로 용기를 낸 오파가 맞서서 저항하자 흔들리기 시작했습니다. 오파의 뒤에는 학교와 선생님이 있고, 또한 저항군의 지휘자 같은 효가 만만치 않게 버티고 있었기 때문입니다.

이러구러 여름방학이 되기도 전에 엑스파는 무너져버렸습니다. 한동안 엑스파에 가담했던 아이들은 스스로 왕따가 될 수밖에 없었습니다. 체면이 있는 대로 깎인 데다 부끄러워서 제풀에 위축된 것입니다.

그런데 이번에도 효가 나서서 엑스파의 추억을 깨끗이 지워 버렸습니다. 그렇다고 특별히 나서서 한 일도 없었습니다. 효는 그냥 평소처럼 엑스파였던 아이들이나 오파였던 아이들이나 스스럼없이 어울렸고, 거기서 시작이 되어 반 전체의 화합이 저절로 이뤄진 것입니다.

"아하, 이래서 효가 친구 부자가 되었구나!"

아이들은 뒤늦게야 효의 비결을 깨달았습니다.

◐ 대화 속에 숨은 비밀 1%

왕따를 당해본 적이 있나요? 아니면, 누구를 따돌려 본 적은? 사실은 따돌림을 당하는 사람이나, 왕따를 시키는 사람이나 괴롭기는 마찬가지입니다.

일단 따돌림을 당하면 절대로 위축되거나 기가 죽어서는 안 됩니다. 왕따를 시키는 아이들은 상대가 위축되고 기죽어 하면 더욱 재미있어 하지만, 아무렇지도 않다는 듯 꿋꿋하게 나오면 제풀에 그만둬버립니다.

따돌림을 당하지 않으려면 평소에 실력을 길러두세요. 여기서 '실력'은 공부를 잘하고 발표를 잘하는 것, 운동을 잘하는 것, 친구들과 잘 어울리는 것, 단정하고 깔끔한 옷차림을 하는 것, 웃음을 잃지 않고 유머가 풍부한 것, 싸우거나 욕을 하지 않고 바른 말 고운 말을 사용하는 것, 다치거나 어려움에 처한 친구를 적극 돕는 것 등등을 뜻합니다. 그리고 아름다운 대화를 하는 사람이 된다면, 여러분의 주위에는 늘 좋은 친구들이 에워쌀 것입니다.

역할극: 상처받은 마음들

그 말씀은 제발 하지 마세요

오늘은 사랑방 상담실에서 자유토론이 있는 날입니다.

사랑방 선생님은 한 달에 한 번씩 토론 주제를 정하여 학교 방송을 통해 알려주십니다. 토론에 참석하고 싶은 학생들은 사 랑방 상담실에 신청하면 됩니다.

자유토론은 사랑방 선생님 반 교실에서 진행됩니다. 신청자가 많을 때에는 참석자를 선착순으로 결정합니다.

이번 달 자유토론 주제는 '우리에게 상처를 주는 부모님의 말씀' 입니다. 주제는 2주일 전에 나왔기 때문에, 참석을 원하는 학생들이 토론 자료를 정리할 시간은 충분했습니다.

토론에서는 주제에 대한 문제를 제기하면서, 그에 따른 대안도 내놓아야 합니다. 그래서 참석자들은 주제와 관련된 자료를 충분히 모으고, 그에 따른 원인을 분석하고, 대안을 제시하는 등 각자 토론 자료를 정리해야 합니다.

교실은 마치 원탁의 기사들 회의장처럼 바뀌었습니다. 책상을 둥그렇게 배치하여 선생님과 학생들이 서로 마주보고 토론할 수 있도록 만든 것입니다.

사랑방 선생님이 노트북을 열면서 말씀하셨습니다.

"자식을 사랑하지 않는 부모님은 세상에 한 분도 없을 겁니다. 그런데 왜 부모님은 가끔 우리에게 상처를 주는 말씀을 하실까요? 아마 부모님도 감정을 가진 인간이기 때문에 속이 상하거나, 피곤하거나, 정신없이 바쁘거나, 혼자만의 시간을 갖고 싶을 때가 있을 거예요. 우리에게 상처를 주는 말은 주로 그럴 때 듣게 되는 듯합니다. 어쨌거나 그 원인 분석은 나중에 따로 하고, 우선 우리가 부모님의 말 때문에 어떤 상처를 입게 되는지 말해볼까요?"

참석 학생들은 저마다 손을 들고 의견을 내놓았습니다.

"부모님께 심한 말씀을 들으면 무엇보다 의욕이 떨어져요. 스스로 하려던 일도 하지 않게 되고요."

빛이와 함께 참석한 규성이가 말했습니다. 빛이도 동의한다는 듯이 고개를 끄덕였습니다. 그러자 완이랑 나란히 앉아 있던 다미가 손을 들었습니다.

"저는 아빠가 안 계셔서 그렇지만, 다른 학생들을 봐도 아빠보다는 엄마랑 함께 하는 시간이 많습니다. 그래서 엄마들의 말씀에 상처를 입는 경우가 더 많은 것 같아요. 저 같은 경우에는 엄마께 그런 말씀을 들으면, 무엇보다 자신감이 떨어지고 불안해집니다. 혹시 엄마가 저를 사랑하지 않으시는지 걱정이 되거든요."

"잘했어. 나도 그래…."

완이는 발표를 하고 앉는 다미에게 엄지손가락을 들어보였습니다.

"전 왠지 반항심이 생겨요. 반항심이 생기면 공부하기가 싫어지고, 공부하기가 싫어지니까 성적이 떨어지면 어쩌나 하는 부담이 생기고요."

진아의 발언에는 많은 참석 학생들이 공감을 표시했습니다.

학생들의 발언을 노트북에 정리하던 선생님이 말씀하셨습니다.

"오늘 토론회는 부모님도 함께 참석했으면 좋았을 거라는 생각이 들어요. 우리의 자유토론 내용을 선생님이 정리해서 사랑방 카페에 올려놓겠어요. 나중에 부모님이 한 번 방문하시도록 말씀 드려 주기 바랍니다."

이번에는 한 사람씩 일어서서, 엄마 아빠가 자녀들에게 상처 주는 말을 할 때를 표현해보기로 했습니다. 발언자가 부모님이 되고, 참석 학생들이 자녀가 되는 역할극입니다.

여전히 검게 그을린 얼굴의 팔복이가 용감하게 나섰습니다.

"넌 그까짓 심부름 하나 제대로 못하니? 배달할 게 산더미니까 딴 데로 새지 말고 곧장 와! 꾸물대지 좀 마, 이 게으름뱅이야! 너도 아버지 같은 사람이 되려고 그렇게 공부를 안하니? 네가 한두 살 먹은 어린애냐? 한 번만 더 그래봐라, 가만 안 둘 테니까. 왜 만날 그런 친구들이랑 어울리니?"

팔복이는 둥그렇게 앉은 아이들을 향해 삿대질까지 해대면서, 때로는 아빠처럼 때로는 엄마 목소리로 실감나게 소 리를 질러댔습니다. 주로 시장에서 장사하시는 부모님을 도와드리면서 겪은 이야기들이었습니다.

다들 촌스럽고 지저분하다고 수군대던 팔복이는 이제 깔끔하게 촌티를 벗은 모습이었습니다. 친구들이랑 사귈 줄도 모르던 소심함도 거의 극복한 듯했습니다.

팔복이는 그동안 가슴에 쌓였던 불만을 거침없이 토해냈

습니다. 철이를 비롯한 참석자들은 팔복이의 몸짓과 말투에 마치 제가 겪은 일인 양, 와르르 까르르 통쾌하게 웃으면서 박수 를 쳤습니다.

이번에는 책가방 속의 유서로 친구들과 어른들을 깜짝 놀라게 했던 진아가 나섰습니다. 진아는 엄마가 워낙 자녀 공부에 열성적인 분이라, 주로 엄마의 흉내를 냈습니다.

"공부 좀 해라, 공부! 학생은 공부만 하면 돼! 이번 시험은 잘했구나. 근데 빛이는 몇 점 받았니? 공부나 하지, 그런 시시한 음악은 왜 듣니? 엄마 친구 아들은 이번에도 1등 했다더라. 걔네 부모는 얼마나 좋을까? 뭐, 미술학원? 그게 특목고 가는 데 보탬이 되냐? 잔말 말고 수학 학원에나 다녀! 엄마 말이 맞아. 그 옷은 너한테 어울리지 않아. 네가 연예인이냐? 멋 부리려하지 말고 공부나 해라, 공부. 공부만 잘하면 해달라는 것 다 해줄게. 쓸데없는 짓 하지 말고 공부나 해! 피곤해? 학원비가 얼만데 학원을 안 가? 정말 엄마 말 안 들을 거야?"

시간이 지날수록 진아의 얼굴은 벌겋게 상기되었습니다. 마치 봇물 터지듯 쏟아 내놓는 말은 아이들의 가슴을 아프게 찔러 댔습니다. 자신들이 엄마한테 직접 그 말을 듣는 착각에 빠질 정도였습니다.

"으아~ 제발 그만해! 짜증나고 서글퍼서 더 들을 수가 없어!”

“사랑방 샘! 저 지금 창문 밖으로 뛰어내리고 싶어요!”

아우성 소리에 입을 다문 진아의 눈자위가 촉촉해졌습니다. 학생들 중에도 몇몇은 눈물을 흘렸습니다. 날이 갈수록 가슴을 짓누르는 공부, 학원, 잔소리 따위가 실감나게 다가왔기 때문입니다.

엄마나 아빠께 그런저런 말을 들을 때는 미처 깨닫지 못했습니다. 하도 자주 듣는 말이라 보통은 건성으로 지나쳤 습니다. 그런데 오늘 역할극을 통해 보고 들으니, 그동안 저도 모르게 가슴에 쌓였던 앙금이 일제히 떠오르는 느낌이었습니다.

사랑방 선생님은 잠시 기다렸습니다. 흥분해서 떠들던 아이들도 차츰 진정되었습니다. 잠시 후, 교실은 먼지가 뽀얗게 일어나는 운동장에 물을 뿌린 듯 조용해졌습니다.

선생님은 아이들 한 사람 한 사람을 둘러보다가 물었습니다.

“자신의 일을 보는 듯해서 슬프냐?”

“네….”

“좋아! 선생님이 하나, 둘, 셋 하면 일제히 함성을 지른다. 교실이 무너지면 선생님이 책임질 테니까 목청껏 소리를 질러라. 각자 슬픔을 한꺼번에 날려버리는 거야. 준비 됐지? 하나, 둘, 셋!”

"으아악!"

"꺄아악!"

조용하던 학교가 화들짝 놀랄 정도였습니다. 아이들은 혹은 눈을 부릅뜨고 입을 크게 벌리고, 혹은 일어서서 배를 잡고, 혹은 두 손으로 귀를 막고 발을 동동 구르면서, 혹은 마구 주먹을 내지르면서, 저마다 다른 모습으로 고함을 질러댔습니다.

그런 뒤, 다시 교실은 물을 끼얹은 듯이 가라앉았습니다.

선생님은 또 아이들을 하나하나 둘러보기 시작했습니다. 누가 먼저랄 것도 없이 여기저기서 키득거리는 소리가 터져 나왔습니다.

"여기 오기 잘했다, 킥킥…."

"히히! 사랑방 샘, 멋쟁이."

"에이, 속이 다 후련하네."

"아아, 이젠 숨통이 트인다!"

아이들의 얼굴은 점점 밝아졌습니다. 다들 가슴이 조금은 후련해진 듯했습니다. 선생님은 빙그레 웃으면서 말씀하셨 습니다.

"좋아요! 이렇게 슬픈 우리들의 이야기지만, 이번에는 재미나게 한번 해볼까요? 우리 모두 개그맨과 개그우먼이 되어서, 우리 가슴에 상처를 주는 어른들의 유행어를 폭로해 보는 거예요."

빛이네 반에서 친구 많기로 소문난 효가 일어섰습니다.

"또 컴퓨터 게임이냐? 쓸모없는 녀석, 공부를 그렇게 열심히 해봐라. 만화만 보지 말고 책 좀 읽어라! 어른 말이 말 같지 않니? 당장 하지 않고 뭘 꾸물대니? 네가 웬일이니, 공부를 다 하게? 너 이거 밖에 못하니? 정말 커서 뭐가 될래? 방 좀 치우면 어디 덧나니? 내가 못 살아. 정말 너 때문에 엄마가 못 산다. 아빠 들어오시면 혼내주라고 할 거야. 네가 뭘 안다고 그래? 무슨 애가 그렇게 말이 많니? 그런 건 크면 다 알게 돼. 포부를 좀 크게 가져봐라. 자장면 요리사가 뭐니?"

우스꽝스런 몸짓에 표정연기까지 곁들인 효의 발언에 아이들은 다시 깔깔대며 즐거워하기 시작했습니다. 그런데 참 이상한 일이었습니다. 친구들의 역할극을 보면서 웃고 박수를 치다보니, 마음에 쌓여 있던 우울과 불안과 긴장 따위가 비 맞은 재처럼 스러지는 느낌이 들었습니다.

마음이 가벼워지면서 사랑방 상담실 분위기도 사뭇 달라졌습니다.

효의 뒤를 이어 동병상련 클럽 주영이가 발표했습니다.

"버릇없이 어른들 얘기에 끼어드는 거 아냐. 애가 어디서 말대꾸야? 오빠는 남자잖아! 우리 애가 아직 철이 없어서 이래요. 뭘 또 사 달래? 안 된다면 안 되는 줄 알아! 제발 쓸데없는 것 좀 사지 마. 더 먹으라니까. 한 번만 더 반찬 투정하면 다신 맛있는 거 안 해줄 거야!"

주영이가 엄마들의 표정을 실감나게 연기했습니다.

그러자 설희는 주로 아빠들 흉내를 내면서 어른들의 말을 쏟아냈습니다.

"이런 바보, 그것도 몰라? 넌 정말 구제불능이야. 왜 만날 그 모양이니? 내가 뭐랬니? 넌 못한다고 했지? 꼴이 그게 뭐니? 여자애가 왜 그 모양이야? 착한 애는 그러는 게 아니야. 이게 다 널 위해서야. 다시 실수하면 안 돼! 말 안 들을 거면 아빠 딸 하지 마! 왜 그랬어? 빨리 말 못하니? 동생이 뭘 배우겠니? 네가 잘해야지. 꼭 큰소리를 쳐야 말을 듣니? 넌 착한 아이니까 아빠 말 잘 들을 수 있지? 근데 너희 선생님은 왜 그런다니?"

설희는 마지막 말을 할 때 선생님을 힐끔 돌아봤습니다.

"내가 뭘 어쨌다고 선생님한테까지 상처를 주는 거야?"

사랑방 선생님의 익살에 다들 와르르 웃고 말았습니다.

"설희가 선생님한테 상처를 주었으니, 동병상련 클럽에게 벌을 내리겠다."

다들 눈이 동그래지면서 동병상련 클럽을 쳐다봤습니다. 동병상련 클럽은 조금도 기죽지 않고 입을 모아 노래로 항의했습니다.

"우우~ 밴댕이, 밴댕이! 소갈머리, 소갈머리!"

아이들이 키득대면서 동병상련 클럽의 노래를 따라 불렀 습니다. 그래도 사랑방 선생님은 흔들림 없이 더 큰 목소리로 명령했습니다.

"동병상련 클럽은 교탁 옆으로 나온다, 실시!"

셋은 아이들을 돌아보면서 우물쭈물 앞으로 나갔습니다.

"셋이 동시에 교탁 밑을 들여다본다, 실시!"

다미, 설희, 주영이는 영문을 몰라 쭈뼛거리며 몸을 굽혔습니다.

"교탁 밑에 있는 걸 꺼내온다, 실시!"

교탁 밑에서 커다란 비닐봉지를 꺼내던 동병상련 클럽의 얼굴이 갑자기 놀라움과 즐거움으로 활짝 펴졌습니다. 세 사람이 비닐봉지를 쳐들어보이자, 이번에는 아이들이 일제히 함성을 질렀습니다.

"야호, 과자랑 음료수다!"

"동병상련 클럽은 그걸 아이들에게 나누어준다, 실시!"

이번에는 아이들이 동병상련 클럽을 향해 소리쳤습니다.

"밴댕이 소갈머리, 취소하라! 취소하라!"

"취소하라! 취소하라!"

세 아이는 두 팔로 애교 넘치는 하트를 만들며 화답하였습니다.

"사랑방 샘~, 사랑합니다!"

선생님과 아이들은 왁자지껄 재잘대면서 간식을 먹었습니다.

휴식 시간이 끝나고, 이번에는 문제의 원인을 분석하고 대안을 제시하는 시간을 가졌습니다. 발언자는 부모님이 자녀에게 상처를 주는 말 가운데 대표적인 것 한 가지를 말합니다. 그리고 부모님이 그 말을 하게 된 까닭을 알아보고, 부모님이 그 말을 어떻게 바꿨으면 좋을지 생각해보는 것입니다.

규성이가 먼저 몇 년 전의 경험을 이야기했습니다.

"전 1, 2학년 때까지도 밥을 흘리면서 먹는다거나, 장난감을 제대로 정리하지 못했어요. 우유를 마시다가 엎지르기 일쑤였고, 어른들 앞에서는 의사 표현도 제대로 못하고 더듬거렸거든요. 그랬더니 어느 날 엄마께서 '넌 그것도 하나 제대로 못하니? 대체 왜 이렇게 바보 같니?' 하셨어요. 그 말을 듣는 순간 굉장히 창피했는데, 지금까지 그 기억이 지워지지 않아요."

"자존심이 많이 상했겠구나? 근데 왜 그런 말씀을 하셨을까?"

선생님의 질문에 규성이는 히죽 웃으면서 대답했습니다.

"제가 엄마의 기대와 다르게 자꾸만 실수를 하니까 답답해서 그러신 것 같아요. 그렇지만 전 일부러 그런 게 아니거든요. 잘해보려고 애는 쓰는데, 그럴수록 긴장되어서 실수를 했어요. 물론 지금은 그런 실수를 거의 안 해요. 그때 엄마가 조금만 더 저를 믿고 기다려 주셨으면, 그 아픈 기억이 지금까지 남아 있진 않았을 거예요."

사랑방 선생님이 아이들을 둘러보며 물었습니다.

"여러분도 한두 번은 들어본 말이지요?"

"네…."

"여러분이 어른이라면 그 말을 어떻게 바꾸고 싶어요?"

규성이 옆에 앉아 있던 빛이가 손을 들었습니다.

"잘 안 되니, 규성아? 엄마가 좀 도와줄까?"

빛이는 규성이 얼굴을 들여다보며 다정하게 등을 토닥이면서 말했습니다. 그러자 아이들이 야유하고 뒤집어지면서 소리 질렀습니다.

"으아~ 누가 대패 좀 갖다가 내 닭살 좀 밀어줘!"

"너희들 클래스 커플이지? 나중에 훌륭한 엄마 아빠 되겠다."

선생님은 떠드는 아이들을 제지하면서 말씀하셨습니다.

"빛이의 대안 제시가 훌륭했어요. 우리들의 실수에 대해서 어른들이 다그치고 비난하기 전에, 실수의 원인을 찾아주고 스스로 할 수 있도록 도와주었으면 좋겠지요?"

"네, 선생님!"

"왜 그렇지요?"

"우리는 아직 어린애니까요!"

이번에는 부모님의 이혼을 경험한 주영이가 일어섰습니다.

"부모님이 한참 다투실 때는 엄마 아빠가 마치 낯선 사람들 같았어요. 저는 용건이 있어도 한참을 망설이며 기회를 엿보다 말씀 드리게 되고, 괜히 눈치를 보느라 머뭇거리게 되었어요.

어렵게 말씀을 드려도 엄마는 저한테 관심조차 없는 듯이 건성으로 대답하시거나, '시끄러워! 네 일은 네가 알아서 좀 못 하니?' 하고 신경질부터 내셨어요. 어떤 때는 '넌 엄마가 힘든 게 보이지도 않니? 대체 누굴 닮아서 그 모양이니?' 하시기도 했어요. 전 그 말을 들으면 엄마 아빠가 절 싫어하시고, 또 부모님께 제가 귀찮은 존재인가 하는 두려움이 생겼어요. 그러면서 나중에는 중요한 용건이 있어도 말씀 드리지 않게 되고 그랬어요."

"그래, 많이 힘들었겠구나. 지금은 어떠니?"

선생님의 질문에 주영이는 밝은 얼굴로 대답했습니다.

"지금은 엄마랑 살면서 가끔 아빠도 만나요. 두 분이 이혼을 하시고, 집안이 어느 정도 정리된 뒤에는 엄마가 미안하다면서 설명도 해주셨어요. 부부싸움을 한 뒤에는 엄마의 감정이 억누르지 못할 정도로 상했었다고요. 그래서 짜증을 내거나 저한테 심한 말을 하게 되셨대요."

아이들은 잠시 마음이 무거워 입을 다물었습니다.

사실 부모님이 꼭 이혼을 하지 않더라도, 어느 집이나 엄마 아빠가 말다툼을 하는 경우는 있게 마련입니다. 그래서 다들 한두 번씩 들어본 말이기도 했습니다. 이럴 때 어른들은 대개, 엄마 아빠의 감정이 격해져서(갑작스럽게 성을 내거나 흥분해서) 그런 거니까 너희들이 이해하라는 식입니다.

"차라리 엄마 아빠는 그때의 감정을 우리한테 솔직하게 말씀해주시면 좋겠어요. 그러면서 곧 기분이 좋아질 테니 그때 이야기하자고 말씀하시면, 우리들의 불안한 마음이 훨씬 누그러질 것 같아요. 예를 들어서, 지금은 엄마가 바쁘니까 잠깐만 기다려 달라거나, 지금은 엄마 기분이 안 좋지만 곧 나아질 테니까 그때 말해준다거나…. 가능하면 사랑한다는 말도 덧붙여주시면 한결 안심이 될 거예요. 부모님이 싸우시거나, 엄마가 힘들어하시는 모습을 보면 우린 몹시 불안하거든요."

진아의 말에 대부분의 아이들이 긍정을 했습니다.

그때 팔복이가 불쑥 내뱉듯이 발언을 했습니다.

"선생님, 두 번 상처받는 말도 있어요!"

"오호, 그래? 구체적으로 어떤 말인지 들려주겠니?"

팔복이는 헛기침을 하면서 일어나더니 또 어른 흉내를 냈습니다.

"또야? 네 동생도 안 그러는데, 넌 왜 그 모양이니?"

아이들은 팔복이가 마치 자신들에게 그런 말을 한 어른인 것처럼 손가락질을 하면서 야유했습니다. 팔복이가 아이들을 향해 삿대질을 하면서 실감나게 이야기했기 때문입니다.

"우우, 비교하지 마! 난 나란 말이야!"

사랑방 선생님이 손을 들었습니다. 아이들은 흥분을 가라 앉히면서 입을 다물었습니다. 선생님은 말없이 팔복이를 쳐다보며 다음 말을 기다리셨습니다.

"어쩌다 제 행동이 말썽이 되면, 한 번이라도 왜 그렇게 되었는지 물어봐주셨으면 좋겠어요. 무조건 또 말썽을 부렸느냐는 식으로 다그치시니까, 무슨 일을 하려면 주춤거리게 돼요. 괜히 또 엄마한테 혼이 날까 두렵고 위축되어서, 그만둬버리거나 일일이 물어봐서 하게 된다니까요. 또 꾸지람을 하실 때면 꼭 제 동생이나 이웃 아이들과 비교를 하셔요. 물론 엄마는 제가 더 잘해주기를 바라면서 하신 말씀이겠지만, 전 그 말씀을 듣는 순간 제가 남보다 못하고 부족하다는 느낌을 갖게 되거든요. 화도 나고, 뭘 하고 싶은 마음이 싹 가시고 만다니까요."

"엄마께서 너보다 동생을 더 사랑할지 모른다는 불안감도 들겠구나? 그런데 비교하는 꾸지람이 어떻게 두 가지 상처를 준다는 거지?"

"또 그랬냐고 야단을 맞으니 한 번 상처, 다른 사람보다 제가 더 못하다고 느끼게 되니 두 번 상처잖아요."

"그렇구나. 그건 모든 부모님들이 생각해볼 문제라는 생각이 든다. 자, 그럼 이럴 때 부모님이 뭐라고 말씀하시면 좋을까?"

사랑방 토론회에 참석한 아이들은 저마다 한마디씩 했습니다.

"어쩌다 그런 실수를 하게 됐니? 그래, 다음엔 잘할 수 있을 거야."

"누구나 노력하면 잘할 수 있단다. 너도 열심히 해보는거야."

"넌 잘해낼 거야. 도움이 필요하면 언제든지 말해라."

아까 빛이가 규성이한테 했듯이, 아이들은 저마다 옆 사람을 다독이면서 다정한 부모님처럼 말했습니다. 그러고 난 뒤에는 또 다들 깔깔대며 한바탕 웃었습니다.

한참을 망설이던 설희가 일어섰습니다. 아직 어리기 때문에,

그리고 아빠가 자세한 설명을 해주시지 않기 때문에, 엄마가 왜 집을 나가셨는지는 모릅니다. 처음에는 엄마가 원망스럽고 미웠지만, 지금은 오로지 보고 싶기만 합니다. 그래서 엄마와 관련된 이야기를 하다가는 울음을 터뜨릴 것 같아 잠시 망설였던 것입니다.

"지금 제 곁에 엄마는 안 계십니다. 많이 보고 싶은 엄마지만, 제가 어렸을 때 들은 말 가운데 아프게 기억나는 것이 있어 발표하려고 합니다."

아이들은 조용한 가운데 설희의 말에 귀를 기울였습니다.

"제가 유치원 다닐 무렵까지도 엄마는 잔소리를 참 많이 하셨습니다. 저의 행동과 말과 태도에 일일이 간섭하고 가로 막고, 이래야 된다 저래야 된다 하셨거든요.

예를 들어 제가 엄마의 뜻대로 따르지 않으면 엄마는 주저 없이 말씀하셨습니다. '너 그렇게 밖에 예쁜 짓 못하니? 그렇게 하려면 엄마 딸 하지 마!' 또 어쩌다 엄마 따라 시장에 갔다가 장난감 가게 앞에서 머뭇거리거나 사달라고 떼를 쓰면, 엄마는 '빨리 안 따라오면 떼놓고 갈 거야!' 하면서 앞서 가버렸습니다. 전 엄마가 어디론가 도망갈 것 같은 두려움에 가슴이 철렁 내려앉으면서 불안에 휩싸이고는 했습니다. '말이 씨가 된다' 는 우리 속담처럼 결국 엄마는 저를 떼어놓고 떠나

버리셨지만, 그 말씀은 지금도 아프게 남아 있습니다."

설희는 끝내 눈물을 글썽이면서 고개를 숙이고 말았습니다. 그러자 사랑방 선생님이 얼른 설명을 덧붙여 아이들의 관심을 돌려놓았습니다.

"자자, 여러분은 이럴 때 어른들이 어떻게 말해줬으면 좋겠어요?"

아이들은 약간 화가 난 표정으로 의견을 내놓았습니다.

"아주 위험한 일이나 다급한 상황이 아니라면, 좀 기다려 주셨으면 좋겠어요. 우린 아직 어리니까 어른들이 바라는 대로 하려면 시간이 필요하잖아요? 저희들이 하고 싶은 일을 선택했으니까, 그 일을 직접 경험하고 결과를 볼 수 있도록 기다려 달라는 말입니다.

그렇게 스스로 배우도록 놔두었다가, 결과를 본 뒤에 설명을 덧붙여 주시면 더 많은 것을 깨우칠 거예요."

진아의 의견은 아주 논리적이어서 다들 고개를 끄덕였습니다.

"엄마 딸 하지 말라는 말을 들으면, 당장 엄마를 잃을 것 같아 공포심까지 느낄 거예요. 엄마들은 그렇게 강하게 얘기해야 우리가 제대로 깨우칠 것이라고 생각하시는지 모르지만, '엄마 생각에 지금 너의 행동은 옳지 않은 것 같은데?' 정도로만 말씀하셔도 저희들은 스스로 깨닫게 되거든요."

빛이가 진아의 의견에 동의하는 발언을 했습니다. 그러자 여태 조용하던 동생 철이가 처음으로 일어섰습니다.

"어디 놀러갔을 때 여기저기 구경하느라고 뒤처지거나, 시장에 따라갔다가 뭘 사달라고 조를 때 '빨리 안 오면 떼어놓고 간다' 는 말은 정말 무서워요. 놀이동산 같은 데에서 그런 말을 들으면 제가 곧 미아가 되고 고아원에서 살게 될지도 모른다는 두려움까지 든다니까요. 그리고 시장 같은 데서 그런 말을 들으면 두 번 다시 뭘 안 사주실 것만 같거든요."

"그럼 뭐라고 말씀하시면 좋겠니?"

옆에 앉아 있던 팔복이가 철이를 쳐다보며 물었습니다.

"놀이동산은 어차피 우리를 위해 간 거잖아? 그러니까 호기심 많은 우리가 실컷 구경하도록 기다려주시면 얼마나 좋겠니? 그리고 시장에서는 이렇게 하는 거야."

철이는 갑자기 팔복이의 귀를 잡아끌면서 말했습니다.

"반찬거리 사느라고 오늘은 엄마 주머니 사정이 안 좋아. 그 대신 슈퍼마켓에서 콘 한 개 사줄 테니까, 잔말 말고 따라와!"

"아야야, 엄마! 콘 먹기 전에 귀 떨어지겠어요!"

철이와 팔복이의 개그맨 빰치는 역할극에 다들 한바탕 웃었습니다.

이번에는 다미가 슬픈 기억을 떠올리면서 말했습니다.

"아빠가 돌아가신 뒤로 엄마는 저한테 부쩍 잔소리를 많이 하셨어요. 지금 생각하면 아빠의 빈자리를 엄마가 메우려다 그렇게 된 것 같아요. 엄마는 제가 하려는 행동을 거의 무조건 제한하셨고, 무슨 일이든지 저 혼자 하도록 내버려두지 않으셨어요."

"엄마가 과잉보호를 하고 행동을 무조건 제한했다고 생각하는 구나?"

"네, 선생님. 심지어 제가 밥을 먹으면서 흘리기라도 하면, '엄마가 먹여줄 테니까 넌 가만히 있어라. 아직 숟가락질이 서투니까 다 흘리잖아.' 하셨어요. 제가 충분히 할 수 있는데도 옷을 입혀주시고 씻겨주시고…. 그래도 제가 뭘 좀 해보려고 하면, '그걸 네가 어떻게 한다고 그러니? 안 돼!' 하셨어요."

"공주님처럼 좋았겠네?"

완이가 다미의 이야기를 이해하지 못하고 이렇게 말했습니다. 그러자 다미는 잠시 말을 멈춘 채 완이를 내려다보면서 빙그레 웃어보였습니다.

"나 스스로 뭔가 할 수 있다는 자신감을 잃고, 혼자서는 아무것도 제대로 해낼 수 없다는 생각을 갖게 되는데도? 실패도 하고 좌절도 해봐야 어려운 일을 만나면 대처할 능력이 생길거 아냐?"

"어어, 미안해! 내가 미처 그 생각은 못 했어…."

완이와 다미의 사이를 동병상련 클럽 설희와 주영이가 끼어들었습니다.

"어머나, 우리 다미가 혼자 밥을 먹네? 그래, 좀 흘려도 괜찮으니까 열심히 해보렴. 그렇게 해야 혼자서도 잘할 수 있는 거란다."

"우리 다미가 그 일을 해보고 싶구나? 엄마가 보기에는 위험해서 아직 안 될 것 같은데? 나중에 해보는 게 좋겠다. 응?"

설희와 주영이는 몸짓과 목소리가 다미 엄마 그대로였습니다. 선생님까지도 두 사람을 향해 칭찬 대신 박수를 쳐주셨습니다.

"마지막으로 우리에게 상처를 주는 부모님의 말씀 한 가지만 더 찾아볼까요? 선생님이 힌트를 줄 테니까 여러분이 말해보세요. 이 말은 우리가 어떤 실수나 잘못을 저질렀을 때, 지나치게 체면을 따지고 남의 눈을 의식하는 엄마들이 주로 하시는 말씀입니다. 다른 사람들 앞에서 이 말을 들으면 우리는 심한 수치심을 느끼고, 그래서 부끄러움에 예민해질 수도 있습 니다.

이 말은 뭘까요? 하나, 둘, 셋!"

선생님의 구령에 아이들은 입을 모아 소리쳤습니다.

"너 때문에 내가 못 산다, 못 살아!"

"다들 잘했어요! 그럼 내가 엄마라면 이 말을 어떻게 할지, 각자 엄마가 되어 옆 사람에게 말해보세요."

아이들은 저마다 진지한 표정으로 옆 사람과 서로 말을 주고받았습니다.

"어쩌다 그런 실수를 했니? 먼저 설명을 해주면, 엄마 생각을 말해줄게."

"다음부터 약속은 꼭 지키도록 하자. 그럼 엄마가 정말 기쁠 거야."

"이 일은 분명히 문제가 있는 행동이었다. 네 스스로 생각해 보면 어떻겠니? 그래도 안 되면 엄마 생각을 말해줄게."

"엄마, 죄송해요! 앞으론 더 열심히 할게요…."

"우리 함께 노력하자. 사랑한다, 얘야!"

"저도 사랑해요, 엄마!"

아이들은 서로 등을 다독여주기도 하고, 서로 껴안고 머리를 쓰다듬어주기도 하고, 서로 손을 맞잡고 다정하게 웃기도 했습니다. 그러는 동안 가슴 속에 남아 있던 상처는 치유되고, 부모님을 사랑하는 마음이 더욱 깊어지는 듯했습니다.

◐ 대화 속에 숨은 비밀 1%

깊은 오해도 서로 터놓고 대화를 하면 풀어집니다. 말을 잘못하여 서로에게 입혔던 상처도, 서로의 생각을 대화로 나누면 깨끗이 치유됩니다.

하지만 친구와는 달리 부모님과는 대화의 시간을 갖기가 쉽지 않습니다. 그렇다고 부모님이 어른이니까 어떻게 해주실 거라고 막연하게 기다려도 안 됩니다. 부모님은 우리가 말을 하지 않으면 아무 문제가 없는 것으로 알기 쉽습니다. 그러니 우리가 손을 놓고 있으면 아무 일도 해결되지 않습니다.

용기를 내서 한 번 시도해보세요. 편지를 써서 자신의 생각을 말해도 좋고, 휴대폰 메시지를 통해 대화의 시간을 만들어 봐도 좋고, 이메일을 이용하여 대화를 나누어도 좋을 것입니다. 선생님이나 친구들과 함께 방법을 찾아보는 것도 좋겠지요.

어떤 방법이든지, 상대가 부모님이거나 친구거나 먼저 손을 내밀어보세요. 무슨 일이든지 용기 있게 도전하는 사람이 먼저 성공을 거둔답니다. 용기를 내면, 가슴 속에 응어리졌던 일들이 하나하나 술술 풀려나갈 겁니다.

인기짱 대화의 비밀

엄마, 칭찬하고 격려해주세요!

“사랑한다!”

이왕이면 부드러운 미소를 지으면서 말씀해 주세요. 제 머리를 쓰다듬어주거나, 따뜻한 가슴에 안아주면서요. 제발 자주 안아주고, 자주 자주 “사랑한다!”고 말씀해주세요. 엄마의 그 말씀을 들으면 전 최고로 기쁘고, 마음이 차분해지면서 행복에 젖는답니다.

“잘했다!”

엄마의 칭찬은 아무리 들어도 갈증이 나요. 제가 올바른 행동을 할 때나 바람직한 일을 했을 때, 칭찬을 폭포수처럼 퍼부어 갈증을 풀어주세요.

“참 잘했다, 얘야!”

“훌륭한 일을 했구나!”

시험점수를 100점 받았을 때처럼 좋은 결과에만 칭찬을 하시진 마세요. 엄마가 보시기에 제가 정말 최선을 다해서 열심히 공부했다고 판단되시면, 점수와 상관없이 칭찬을 해주세요. 그러면 자신감이 팍팍 생기거든요.

“‘무엇을 이뤘는지’보다 더 중요한 것은 ‘어떻게 이뤘는지’란다.”

엄마가 말씀하셨잖아요? 무슨 일이든지 과정이 중요한 거라고.

“예쁘다!” “멋있다!”

제가 바람직하고 긍정적인 언행을 하면 말씀해주세요.

“스스로 세수하고 혼자서 등교 준비를 하다니, 정말 예쁘다!”

“엄마 없는 동안 동생을 봐줬구나? 넌 역시 멋있어!”

전 아직 어리지만, 이런 칭찬을 들으면 바람직하고 긍정적인 언행이 무엇인지 스스로 깨닫게 되거든요. 그렇지만 저의 외모에 대해서는 "예쁘다!" "멋있다!" "귀엽다!"는 칭찬을 자제해 주세요. 괜히 혼자 우쭐해져서 제가 남보다 잘난 줄 알게 되니까요.

"네가 자랑스럽다!"

엄마가 저 때문에 행복해하실 때 전 최고로 기뻐요. 그렇지만 엄마가 표현을 하지 않으시면 전 모르거든요. 제가 잘한 일이 있거든 칭찬을 잊지 마시고, 그때 이 한마디만 덧붙여 주시면 정말 가슴 벅찰 거예요.

"엄마는 네가 참 자랑스럽구나!"

"네가 있어서 엄마는 얼마나 행복한지 몰라."

그럼 전 대뜸 제가 엄마를 기쁘게 해드렸다는 사실을 알게 되지요. 그리고 그 사실을 깨닫는 순간, 저는 즐거움과 성취감과 자신감을 가슴 가득 안게 된답니다.

엄마, 전 엄마를 늘 기쁘게 해드리고 싶어요.